Louis Charpentier

Das Geheimnis der Basken

Louis Charpentier

Das Geheimnis der Basken

Die Originalausgabe erschien 1975
bei Editions Robert Laffont, Paris
unter dem Titel «Le Mystère basque»

Die Übersetzung aus dem Französischen besorgte
Grit Kuntze

Lizenzausgabe 1986 für
Manfred Pawlak Verlagsgesellschaft mbH, Herrsching

Schutzumschlag: Bine Cordes, Weyarn
Gedruckt in Jugoslawien
ISBN: 3-88199-295-2

Inhalt

1

Die Legenden

Wenn man Eginhard glauben darf, kehrte Karl I., König der Franken, 776 – erst zwölf Jahre später wird er Karl der Große, Kaiser des Westreiches – über die Berge und die Schlucht von Ibaneta, seitdem Roncevalles, zurück, nachdem er die Sarazenen jenseits der Pyrenäen geschlagen hatte. Seine Nachhut, die von dem berühmten Roland angeführt wurde, folgte ihm nach. Als sie durch einen Engpaß zog, wurde sie überrascht, zerschlagen und niedergemacht, so daß niemand entkam ... Diese Begebenheit ließ sehr schöne Heldenlieder entstehen. Eines davon schrieb vierhundert Jahre später der Mönch Turold nieder. Es wurde als Klassiker der französischen Literatur unter dem Namen *Chanson de Roland* bekannt.

Dort wird erzählt, wie Karl der Große «mit geschmücktem Bart» die Mauren verjagen wollte. Als er «nach vollendeter Mission» zurückkehrte, stürzte der niederträchtige Verräter Ganelon das Sarazenenheer auf die Nachhut des tapferen Roland und machte sie nieder, obwohl Roland aus voller Lunge auf seinem Horn Olifant blies und mit seinem Schwert Durandarte die Felsen zum Bersten brachte.

Dieses Lied ließ die schönen Damen in den Ritterburgen, vielleicht sogar die Dienerinnen in ihren Katen, bitterlich weinen. Es wurden viele Gedichte geschrieben, die im allgemeinen damit schlossen, daß der Klang des Horns bis tief in die Wälder traurig schallte ...

Seit jener Zeit haben die Historiker, die nicht so poetisch veranlagt sind, immer wieder darauf hingewiesen, daß die ganze Sache frei erfunden ist. Schon nach wenigen Nachforschungen entdeckten sie, daß Karl der Große vielleicht gar nicht den Wunsch hatte, mit den Ungetreuen aufzuräumen, als er über die Berge zog, sondern er wollte die Westgoten auf seine Seite der Berge zurückholen. Als guter Barbar soll er auch geplündert und vielleicht die Stadt Pamplona wenn nicht angezündet, so doch verwüstet haben. Sie entdeckten auch, daß es auf keinen Fall die Sarazenen waren, die sich in das Abenteuer der Verfolgung des Frankenheeres stürzten, sondern vielmehr die Nachbarstämme, die es sich zur Aufgabe gemacht hatten, ihre Rechnung mit der Nachhut zu begleichen, mit oder ohne ihre zwölf Helden, um die Schande Pamplonas zu rächen.

Eine Bande von Bauern, die das stärkste Heer des Westens wahrscheinlich nur mit Fäusten, Stöcken und Schleudern auslöschte, ist in der Tat kein Thema, um den Bart des großen Karl zu schmücken. Das geknechtete Volk hätte auf falsche Gedanken kommen können; besser, die Sache sah nach einem Feldzug gegen den Unglauben aus.

Die Taktik dieser Bauern blieb unbekannt. Man weiß höchstens, daß Steine in der Schlacht eine große Rolle spielten: die von oben in die Schlucht herabstürzenden Felsen... und zweifelsohne jene Holzgeschosse, deren Prinzip man im Pelotehandschuh mit Weidengeflecht wiederentdeckte, der zur Chistera wurde (zu sehen im Museum von San Telmo in San Sebastián: ein «Schläger» aus Holz, ausgehöhlt in Form einer Chistera mit Manschette, der für schwerere Geschosse als Erdklumpen eine furchtbare Schleuder ist).

Wer aber war dieses Volk, das nicht nur den großen Karl den Großen schlug, sondern sich auch noch den Spaß erlaubte, ihn zu «bestrafen»?

Man hat sie lange Zeit «Gascogner», als Ausweitung des Stammesnamens «Vasque», genannt; er war Teil einer Einheit, die wir heute unter dem Namen «Basken» kennen.

Wer aber waren diese Basken?

Ein in der Tat eigentümliches Volk, das die Atlantikküste von den Kantabrischen Bergen bis nach Bordeaux und die Pyrenäen von Tarbes nach Hendaye besetzt hielt und das anderen Völkern weder im Aussehen noch in den Sitten glich. Ein Volk von Bauern, Viehzüchtern und Seeleuten, die durch Kriege und Invasionen hindurch ihre Unabhängigkeit wild verteidigt hatten; ein Volk, das eine Sprache sprach, die keine Verwandtschaft zu denen des Westens aufwies; ein Volk, dessen Ursprung zwar der Geschichte, aber nicht den Legenden entgangen ist.

Die älteste dieser Legenden ist jene von *Mari*.

Mari, die wir in Anlehnung an die Römer «Göttin» nennen, die die baskischen Mythologen aber «Geist» nennen, ist die Königin aller Geister, die sich mit den verschiedensten Formen und Besonderheiten der Dinge der Erde und der Natur im allgemeinen annehmen. Sie nimmt manchmal die Form dieser Geister an. Sie ist ein weibliches Wesen, wenn sie auch manchmal als Mann auftritt.

Sie ist eine «Dame»: *Andere,* manchmal elegant gekleidet, mit einem Schloß aus Gold in ihren Händen. In *Lescuns* trägt sie einen roten Rock. «Maris normale Behausungen sind die Gebiete im Innern der Erde, die mit der Oberfläche durch verschiedene Gänge, zum Beispiel Kavernen und Abgründe, verbunden sind. Daher ist Mari vorzugsweise an diesen Orten anzutreffen.»[1]

In ihrer Behausung *Aketegui* sind die Betten aus Gold; in *Otsabio* ist die Statue eines Stieres aus Gold; in *Zarauz* spinnt Mari den Faden mit einer Spindel aus Gold; in *Airobibeltz* setzt sie sich (die Dame der Kaverne *Lezekoandere*) in einen Sessel aus Gold; in *Otsibarre* findet man einen Kamm aus Gold, der ihr wahrscheinlich gehörte... Eine Handvoll Kohle kann am Ausgang einer Grotte zu Gold werden, aber ebenso kann sich eine Handvoll Gold in modriges Holz verwandeln.

Mari ist eine Frau, die manchmal Vogelfüße bekommt (wie die Königin Pédauque Entenfüße hatte); oder Ziegenfüße... Sie kann ein Baum in Form einer Frau oder eines brennenden Busches sein; in ihren Behausungen kann sie die Form eines Bockes (in *Baztan*), eines Raben (in *Aketegui*), eines Pferdes, eines jungen Rindes (in *Oñate*), eines Geiers (in *Supelaur*) annehmen... Dort hat man einige Zeichen wie das Einhorn, den Hund (im Baskischen bedeutet Hund Pferd), den Raben, den Adler wiedererkannt...

Mari kann auch ein Windstoß, eine Wolke, ein Regenbogen, der Feuerschein oder eine Frau sein, deren Kopf mit dem Mond als Krone umkränzt ist; eine Feuersichel, die das Firmament durchbricht... Sie kann alle Erdenkräfte sein, aus denen man die Weltereignisse entstehen sieht, aber sie kann auch das Oberhaupt – oder die Königin – aller Geister sein, die diese Phänomene hervorbringen. In welcher poetischen Form sie auch auftreten mag, man muß in ihr immer jene alte Mutter Erde wiedererkennen, durch die alles besteht.

[1] José-Miguel de Barandiaran: Mythologie basque. La Gran Enciclopedia vasca. Bilbao 1972.

Mari ist vielleicht nicht ihr ursprünglicher Name. Es scheint, daß sie ursprünglich *Maya* hieß und später christianisiert wurde, indem sie den Namen jener anderen Mutter, Maria, erhielt; unter diesem Namen wird sie noch heute verehrt.

Mari hat einen Mann. Einer seiner Namen ist *Maju*, aber am häufigsten heißt er, je nach den Dialekten, *Sugoî* oder *Sugaar*. Das Wort bedeutet «Schlange», aber im Baskischen ist *Su* das Feuer, *Sugar* die Flamme (*Sugin* der Schmied, *Suhar* die Ulme). Die große Schlange hat eine himmlische Bleibe, die die Erde umschließt; ihre Gefährtin ist die Schlange, die die Steine von *Gravr'inis* und die Bilder des alten Irland schmückt...

Dieser *Sugaar* ist die Kraft, die die Erde umkreist; er ist der *Spiritus mundi* der Alchemisten, der *Äther* der Griechen und in einem modernen physikalischen Zusammenhang der Bruder des «Sonnenwindes», die Kraft, in der das Sonnensystem badet.

Sugaar ist außer durch seinen Namen nicht spezifisch baskisch. Diese «große Schlange» finden wir in allen westlichen Mythologien (der große drakker [drak = Drachen] des Norwegers Olav Trygvasson hieß *Ormenlange*, die große Schlange), und zumindest phonetisch gleicht sie der Ulme *Suhar*. (Der germanische Elm trägt denselben Namen wie das Sankt-Elmsfeuer der Seeleute...) Und es war unter den Ulmen, wo sich die Gefolgsleute versammelten.

Aber die baskischen Legenden gehen darüber hinaus. Sugaar ist auch der Erzeuger. Aus der Gemeinschaft von Sugaar und Mari gehen unter gewaltigen Gewittern zwei Söhne, der gute *Atarrabi* und der böse *Mikelats*, hervor.

Sugaar, der auch menschliche Liebschaften nicht verachtete, hatte Beziehungen zu einer Prinzessin, die in Mundaca lebte

und ihm einen Sohn Jaun *Zuria,* den ersten Herrscher von Biskaya, schenkte.
Dies ist zweifelsohne die älteste baskische Legende über den Ursprung der Basken. Die Basken wurden von der Mutter Erde geboren, und ihre Herrscher sind eine göttliche Hinterlassenschaft. Sie sind genau das, was die Griechen Autochthonen, «aus der Erde Geborene», nannten. Sie sehen sich nicht als «von weither gekommen».
Die Frage nach dem Ursprung der Basken hat zahlreiche Menschen beschäftigt, unter ihnen auch große Wissenschaftler... Wer also war dieses Volk, das von den Westpyrenäen bis zu den Kantabrischen Bergen lebte? Dieses Volk, das weder Kelten, Römer, Westgoten, Franken noch Mauren kolonisieren konnten, das bei den Leibesübungen besondere Geschicklichkeit zeigte, erstaunliche Tänze tanzte und das besaß, was die Archäologen jetzt «die baskische reliktuelle Insel» nennen; das Volk, das man in den «archäo-mediterranen» Typ einordnet, weil andere Größen für die Zuordnung fehlen?
Die Kelten hatten sie gezwungenermaßen gemieden und ihr Gebiet umgangen, als sie nach Galicien wanderten. Auch die Römer, die doch so neugierig auf die Völker in ihrer Nachbarschaft waren, konnten sie nie richtig einordnen und betrachteten sie anscheinend als eine Art Iberer.
In den «Jüdischen Altertümern» des Josephus – für ihn gab es keine andere Quelle als die Bibel – heißen die Abkömmlinge Thubals oder Tobels, des Enkels von Noah, Iberer. Ptolemäus, der auf Josephus folgte, nennt die Iberer Tobellianer. Diese Bezeichnung schuf gewisse Schwierigkeiten, denn es gibt im Kaukasus, zwischen dem Schwarzen und dem Kaspischen Meer, noch andere Iberer...

Mit dem Christentum mußten diese Basken in die biblischen Ursprünge der Menschheit integriert werden. Aus der Bibel schuf man erneut Legenden, oder man formte die ältesten zu christlichen um. Eine dieser Legenden erzählt, daß Tubal, Sohn des Japhet und Enkel Noahs, eines Tages, als er mit einem Boot das Mittelmeer von Ost nach West überquerte, in die geheimnisvollen Gewässer eines Flusses – seither Ebro genannt – gestürzt sei; als er der Strömung entstieg, kam er nach *Varea*. Die Schönheit des Landes versetzte die Seeleute in Erstaunen, und die Erde verzauberte sie. Einige blieben, um sich hier anzusiedeln – das war die Gegend von Baja-Rioja –, andere zogen weiter bis zu den Kantabrischen Bergen (im Baskischen bedeutet *Kant* bei, und *Abre* steht für *Ebre*, also: nahe des Ebro).

War das eine sehr alte Legende über die Landung, die nach der gerade herrschenden Mode umgearbeitet war? Es ist kaum möglich, diese Frage endgültig zu klären; es sei nur vermerkt, daß es in Galicien (wo die Baskoiden Spuren hinterließen), eine Legende von der Landung Noahs nach der Sintflut gibt, nach der man die christliche Legende des heiligen Jakobus «arrangierte». Gab es nach der Katastrophe, die die Christen «Sintflut» nennen, eine Landung von Menschen, die aus ihren Ländern vertrieben wurden? Das ist nicht unmöglich...

Rodéric von Toledo (Buch I, Kap. III) spricht darüber eindeutig und überzeugt. «*Man ist sich weiter darüber einig, daß Spanien in seinen Anfangszeiten den Namen Setubalien trug, eine Verbindung der drei Worte* sein, tubal, ria *oder* lia, *was in der alten baskischen Sprache bedeutet: Land der Nachkommen Tubals...*»

Im 19. Jahrhundert ersetzte man die Legenden durch Theorien; das war die Zeit, als die Anthropologie mit Unterstützung Darwins und des Darwinismus glaubte, alle Kenntnisse gesammelt zu haben. Fast alle in jener Zeit aufgestellten Theorien unterstellen eine «Ankunft» der Basken aus Ländern des Vorderen Orients, als sei es undenkbar, daß sie seit undenklichen Zeiten an ihrem jetzigen Standort sind.
Die Idee von «Vater Adam I.» – von Gott geschaffen oder nach Darwin Abkomme des Affen –, Orientale durch die Gnade der Genesis, behält ihre ganze poetische Gültigkeit; die Produkte des «Einzigen» verstreuen sich mit Hilfe Noahs über alle Kontinente... Man kann in der Tat nur feststellen, daß weder die Genesis noch Darwin den Schlüssel für die Ursprünge des Menschen oder der Rassen, sei es in der Zeit oder im Raum, haben liefern können; ja, nicht einmal den Schlüssel für die Mutationen, die sie geschaffen haben...
Zahlreiche Forschungen über den Ursprung der Basken gingen vom *Eskuara,* der baskischen Sprache, aus. Wie nicht anders zu erwarten war, hat man in ihr viele Wurzeln gefunden, die mit anderen, auch sehr weit entfernten, Idiomen identisch sind. Identische Wurzeln findet man aber bei etwas gutem Willen überall. So hat man zum Beispiel Verwandtschaften zwischen der baskischen und den altaischen Sprachen, den Dialekten der Eskimos, der Indianer Nord- und Südamerikas und so weiter gefunden. Die gemeinsamen Wurzeln «schmolzen» bei der Überprüfung zusammen, und die Zahl derer, die noch – ohne jede Garantie – blieben, ist zahlenmäßig vollkommen unbedeutend. Selbst wenn sie ausreichten, wären sie kein Beweis. Es gibt mehr keltische, französische, lateinische und spanische Wörter in der baskischen

Sprache und mehr baskische Wörter in der französischen Sprache, als es sich die Franzosen im allgemeinen vorstellen. Aber die Basken sind weder Kelten noch Römer, noch Spanier, noch Franzosen.

Zwei Völker, die man in die Nähe der Basken bringt, sind die Berber und gewisse Volksstämme des Kaukasus... Wir werden Gelegenheit haben, auf dieses Phänomen zurückzukommen; nichts aber läßt im Augenblick den Schluß zu, daß die Basken ein Relikt einer Berber- oder Kaukasierinvasion sind. Solange die Behauptungen nicht beweisbar sind, kann ebensogut das Gegenteil angenommen werden, das heißt, Berber und Kaukasier sind das Ergebnis einer Baskeninvasion. Dazu muß man wissen, daß die Vorgeschichte Europas – und zwar die ganz frühe – so reich an menschlichen Funden ist, daß man mit Sicherheit weiß, daß dieses Gebiet nicht vollständig verödet war! Nach unserer Kenntnis hat man hier die Wurzeln des *Homo sapiens* entdeckt.

Unter den Theorien der Invasionen ist die «verführerischste», und sagen wir: die einzige Theorie, der nachzugehen sich wegen der Übereinstimmungen mit den augenblicklichen Daten der Wissenschaft vom Menschen zu lohnen scheint, die Theorie des atlantischen Ursprungs des baskischen Volkes – und einiger anderer Völker. Solange jedoch Atlantis auf oder unter den atlantischen Gewässern nicht entdeckt ist, wird man nichts anderes tun können als träumen. Dies gibt uns jedoch nicht das Recht, die Möglichkeit zu verwerfen.

Und dennoch liegt der Ursprung des Stammes auf baskischem Boden.

2

Der Mensch von Cro-Magnon

Als der «Antiquitätenhändler» L. Lartet 1868 unter einem Felsvorsprung herumstocherte, fand er in einer vorgeschichtlichen Höhle bei Eyzies in der Dordogne zahlreiche Teile menschlicher Skelette, die ihm beachtenswert erschienen. Unter diesen Resten war der noch recht gut erhaltene Schädel eines alten Mannes. Im Gegensatz zu allen bis dahin aufgefundenen und erfaßten Fragmenten entsprach dieser Schädel in Form und Volumen in hohem Maße der Kopfform des modernen Menschen.

Die «Stücke» wurden Quatrefages und Hamy vorgelegt. Diese versuchten, logisch den Menschen zu rekonstruieren, dem diese Reste einmal gehört haben mochten. 1874 gelang ihnen eine Art Definition eines menschlichen Typs, dem man bei vorgeschichtlichen Ausgrabungen bis dahin noch nicht begegnet war; es sei aber sofort darauf hingewiesen, daß solche Ausgrabungen zu jener Zeit noch recht selten vorgenommen wurden.

Der Mensch war groß. Er mußte sich im Gegensatz zum Neandertaler, der ihm einige Jahrtausende vorausहatte, ganz gerade gehalten haben. Er hatte lange Beine, daher seine Größe. Die Stirn war gerade mit einem begrenzten Blickfeld. Die Schädeldecke war rund mit einer starken Wölbung des Hinterkopfes, der eine Art «Knoten» bildete; dies wies auf die Bedeutung des Kleinhirns hin. Vor allem lag das Schädelvolu-

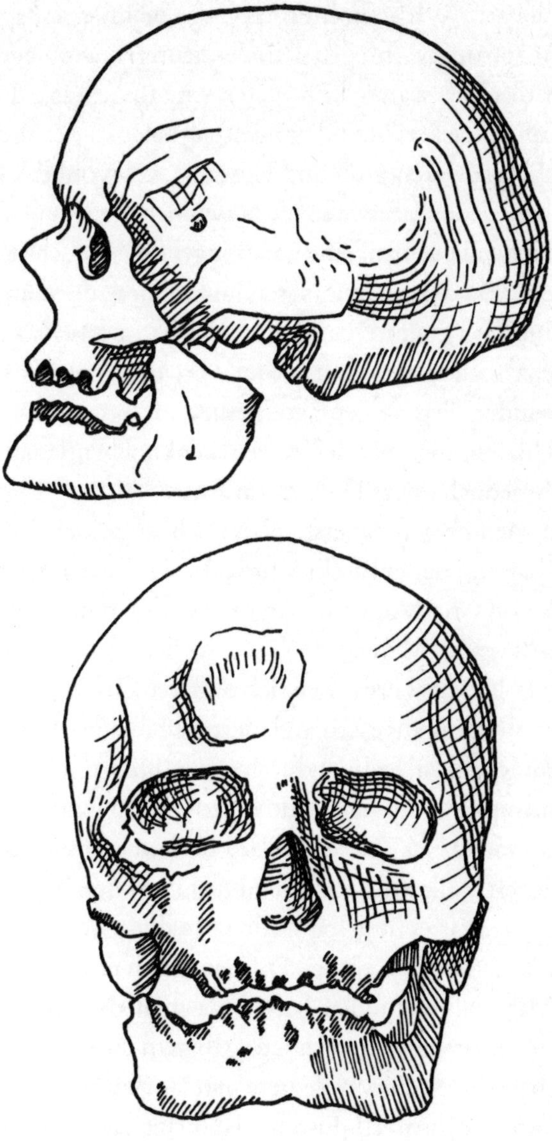

Schädel des Cro-Magnon

men über 1500 Kubikzentimeter, das heißt, es entsprach in seinem Fassungsvermögen dem der heutigen westlichen Völker. Außerdem waren die Schläfen sehr ausgeprägt, die Jochbeine sprangen hervor und standen eng beieinander; die Überaugenbögen waren groß und viereckig. Obwohl das Gesicht insgesamt groß war, waren die Nasenlöcher eng, und die Nasenknochen ließen auf eine vorspringende Nase schließen, die sich sehr von den platten Nasen unterschied, die man im allgemeinen bei primitiven Menschen vermutet. Die kräftigen Backenknochen sprangen weder vor, noch gingen sie weit auseinander. Das ausgeprägte Kinn endete spitz. Die Größe der Schläfen, die über der der Backenknochen lag, gab dem Gesicht jedoch etwas Disharmonisches.

Dieser Mensch war der erste, aber noch lange nicht der älteste *Homo sapiens*, der entdeckt wurde. Er wurde der Mensch der Höhle von Cro-Magnon; später nannte man ihn einfach den «Cro-Magnon-Menschen».

In der Folgezeit wurde man sich darüber klar, daß seine «Linie» bis in die heutige Zeit andauert. Es gab nur sehr geringfügige Änderungen, bedingt durch Gewöhnung an Klima- und Ernährungsumstellungen. Außerdem stellte man mit besonderem Nachdruck fest, daß dieser Cro-Magnon-Mensch im baskischen Volk einen direkten Nachkommen besitzt.

Vorrangig war es nun, sein «Alter» festzustellen, was sich als sehr viel schwieriger erwies. Da man ihn in einem Boden unter «Material» gefunden hatte, das man der Aurignacien- oder der Altsteinzeit zurechnete, gab man ihm auch das dafür geschätzte Alter. Dies bedeutete sein Vorkommen in der sogenannten Würm-III-Eiszeit, das heißt rund 28000 Jahre vor unserer Zeitrechnung. Diese zeitliche Einordnung sollte man besser nicht als unumstößliche Wahrheit ansehen; man kann sie höchstens als ein Grenzalter betrachten. Sie oder ich könnten eines Tages auf einem «Steinzeit»-Friedhof beerdigt werden, ohne daß unsere Skelette ein so hohes Alter hätten.

Andererseits werden die vorgeschichtlichen Schichten nach dem Material datiert, das man an diesen Stellen vorfindet. Es ist natürlich hilfreich, sich geistig so festzulegen, wissenschaftlich aber ist es zu summarisch. Wir wissen, daß die gar nicht so alten Gallier noch Werkzeug aus Stein herstellten ... Ohne sich viel darum zu kümmern, ob sie «Chatelperron» oder «Solutréen» machten ... Es kann sein, daß sie beides taten ... Man bearbeitete eben damals den Stein, wann und wie man ihn brauchte.

Früher ... und dennoch ...

José-Miguel de Barandiaran, der große baskische Archäologe und Prähistoriker, berichtet, er habe eines Tages in der Biskaya einen Bauern gesehen, der sein Feld mit einer Art behauenem Stein pflügte. So blieb er erstaunt stehen und fragte, woher dieser Stein komme.

«Oh», sagte der Bauer, «der ist alt, aber mit ihm arbeitet es sich nicht schlecht.»

«Aber er nützt sich doch ab», sagte der Archäologe, «und dann?»

«Ach, wissen Sie, dann lasse ich ihn entweder neu bearbeiten oder ersetzen.»

«Das machst du allein?»

«Nein, nein, ich kann das nicht.»

«Wer macht es dann?»

«Von Zeit zu Zeit kommt hier ein Landfahrer vorbei. Der

bearbeitet dann alle Werkzeuge, die wir ihm bringen. Ich weiß nicht, wie er es macht, aber er macht es gut.»

«Kommt er oft?»

«Von Zeit zu Zeit...»

«Kannst du mir Bescheid sagen, wenn er wieder einmal da ist?»

«Natürlich.»

Einige Zeit später benachrichtigte der Bauer tatsächlich den Archäologen, der Mann sei wieder da. Man traf sich, und der Landfahrer ließ sich nicht nur gerne bei der Arbeit zusehen, sondern es durfte sogar gefilmt werden...

Diese Geschichte stammt trotzdem nicht aus vorgeschichtlichen Tagen. Der Mann war weder «Chelléen» noch «Tardenoisien». Diese Geschichte spielte sich erst vor wenigen Jahren ab. Es mag sechs oder sieben Jahre her sein. José-Miguel de Barandiaran lebt immer noch und wahrscheinlich auch der Landfahrer. Sollte der Bauer mit seiner Axt einmal sterben, möchte man wohl gerne wissen, in welche Zeit die Archäologen des Jahres 4000 ihn legen, wenn sie sein Skelett finden sollten.

Es ist übrigens möglich, daß die Prähistoriker recht haben; aber es wäre besser, nicht zu sehr auf diesem Alter zu beharren, wenn man einmal den augenblicklichen Stand der Dinge und das Fehlen einer gültigen wissenschaftlichen Datierung berücksichtigt, die nicht mehr ist als eine Schätzung, die immer ein wenig nach Gefühl vorgenommen wird. Dies gilt um so mehr, als die ältesten Skelette des Cro-Magnon-Typs, die nach ihrem «Urahn» gefunden wurden, jene aus der Pataud-Höhle zu sein scheinen, die man im allgemeinen an das Ende der Würm-IV-Eiszeit legt, in die sogenannte «Früh-Magdalé-

nien»-Schicht. Damit lägen sie 10 000 Jahre später als jene von Cro-Magnon, das heißt rund 18 000 Jahre vor unserer Zeit.
Die größte Skelett«ernte» des Cro-Magnon-Typs liegt in der sogenannten Würm-V-Eiszeit, der letzten auf der Nordhalbkugel, im sogenannten Magdalénien, dessen Name sich von der Grotte de la Madeleine ableitet. Die zeitliche Festlegung ist in diesem Fall statistisch und geologisch einfacher. Dieser Zeitabschnitt liegt ungefähr zwischen 13 300 und 8000 vor unserer Zeitrechnung. In jener Eiszeit scheint der Mensch zumindest in diesem Pyrenäenabschnitt in Höhlen gelebt zu haben – aus dieser Zeit stammen auch die wunderbaren Zeichnungen von Altamira, Sentimamiñe, Ekain und Lascaux... und so viele andere. Auch jene, die noch nicht entdeckt wurden... Es handelt sich hierbei zweifelsfrei um eine Zeit intensiver Kultur, von der uns wie von allen übrigen vergangenen Kulturen nur noch künstlerische Zeugnisse geblieben sind. Aber welche!
Wenn auch im Baskenland die Ernte an Menschenresten aus dieser Zeit nicht «enorm» gewesen ist, so scheinen die aufgefundenen Fragmente zumindest alle zum Cro-Magnon-Typ gehört zu haben. Es besteht also der begründete Verdacht, daß diese Kultur, die sich durch die herrlichen Wandmalereien darstellt, das Werk dieser Cro-Magnon war... Ach, möchten wir doch noch etwas aus der Jungsteinzeit finden; nach jener Sintflut, die das Ende der Eiszeit kennzeichnete.
Der Cro-Magnon-Mensch war jedoch nicht der erste *Homo sapiens*, der auf der Erde und aus der Vorgeschichte auftauchte. Ihm ging ein anderer Menschentyp voraus, dessen Alter man auf 35 000 Jahre schätzt. Er ist bekannt unter dem Namen des Ortes, wo man ihn gefunden hat: der Mensch von

Combe-Capelle. Er unterschied sich sehr vom Cro-Magnon. Er war kleiner, hatte ausgeprägtere runde Überaugenbögen, einen langen Schädel, einen vorspringenden Oberkiefer und ein leicht fliehendes Kinn. Sein Schädelvolumen, der Schädel selbst eng und hoch, war sehr groß; dies weist nach dem augenblicklichen Erkenntnisstand auf eine entwickelte Intelligenz hin. «Man könnte ihn als ‹archäo-mediterran› bezeichnen; sein Ursprung könnte vielleicht in Südeuropa gesucht werden. Der Mensch von Cariguela aus dem Gebiet von Granada, der mit Werkzeug in der Art des Le-Moustier-Menschen (vor 40000 Jahren) in Verbindung gebracht wird, wäre nach Fusté vom Typ Combe-Capelle.» [1]

Da der Neandertaler, der noch viel mit dem Hominiden gemein hatte, ungefähr zur Zeit des Auftauchens des Menschen von Combe-Capelle verschwand, waren die beiden *Homo sapiens* (Combe-Capelle und Cro-Magnon) in gewisser Weise die Urahnen aller Ureuropäer. So findet man die möglichen, wenn nicht wahrscheinlichen Nachkommen des Menschen von Combe-Capelle im Typ von Oberkassel und später von Chancelade wieder (brachyzephal mit vorspringender Nase; sein Schädelvolumen lag mit 1680 Kubikzentimeter über dem der heutigen Menschen). Nach Bourdier sollen die Eskimos und die alten Formen der nordischen Völker aus Nachbarstämmen hervorgegangen sein. In Bayern findet man ihn im Menschen von Ofret wieder; auch die alpinen Völker sind bestimmt seine Nachkommen.

Bourdier schließt, daß sich vom archäo-mediterranen Typ von Combe-Capelle an im Laufe der jüngeren Altsteinzeit

[1] Frank Bourdier: Préhistoire de France. Flammarion 1967.

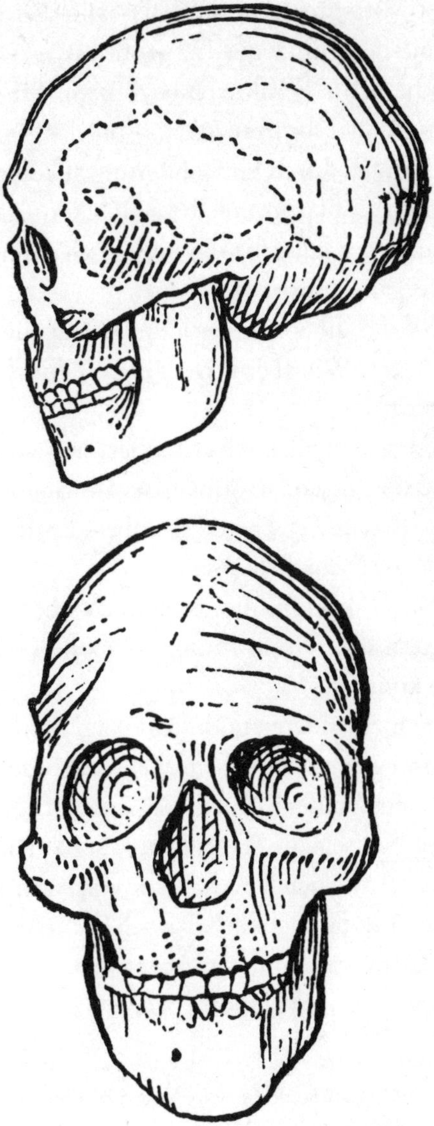

Menschlicher Schädel von Combe-Capelle

und in der Mittelsteinzeit durch das einfache Spiel des Juvenismus[1] und des Klimas die drei großen Rassentypen herausbildeten, die heute Frankreich bevölkern: Mittelmeeranrainer, Alpine und Nordfranzosen. Von der Jungsteinzeit bis heute entstanden durch Einwanderungen keine an Zahl ausreichend neuen Typen, um dieses Rassensubstrat grundlegend zu ändern, das psycho-physiologisch die tiefen Bindungen zur Vergangenheit konserviert.

Damit soll es für die Söhne von Combe-Capelle und Chancelade genug sein. Wie aber verhält es sich mit den Söhnen des Cro-Magnon?

Mag man sich auch über das Alter des Cro-Magnon streiten, fest steht, daß er in jenem Winkel der Dordogne wahrscheinlich jünger als der Mensch von Combe-Capelle ist. Dort entsteht eine neue Menschenrasse.

Trotz allem «Darwinismus» ist es doch sehr fraglich, ob der Cro-Magnon eine Umformung des Combe-Capelle-Menschen sein könnte.

Im Vergleich zu anderen prähistorischen Menschen ist er ein Riese. Vorausgesetzt, er war ein Mensch, könnte man fast sagen, jedes Detail seines Körpers war von ganz besonderer Art, angefangen bei seinem Schienbein bis zu den Spuren von Muskelbändern an den Knochen, die von enormer Kraft zeugen... Hinzu kommt natürlich noch die Schädelform, seine Gesichtszüge und alle anderen Anzeichen, die die Anthropologen für Eingeweihte hervorheben.

[1] Juvenismus nennt man das Ergebnis einer mehr oder weniger vor dem Erwachsenenalter gestoppten Entwicklung. Dadurch kommt es zur Verlängerung der unteren Gliedmaßen und zu einer bestimmten Schädelgröße im Vergleich zum Körper.

Wenn auch dieser Greis von Cro-Magnon (er starb mit ungefähr fünfzig Jahren) im Fundgebiet und im Süden davon eine zahlreiche Nachkommenschaft hatte, so scheint es zumindest im Augenblick unmöglich, für ihn Vorfahren zu finden. Man kann also auch nicht ausschließen, daß der Ursprung dieser Cro-Magnon-Rasse weit von dem Ort entfernt liegt, wo man ihn zum erstenmal gefunden hat. Es hätte sich um eine Einwanderung handeln können; diese hätte dann aber zwangsweise vor der letzten Eiszeit stattfinden müssen. Es scheint mir vollkommen ausgeschlossen, daß diese Rasse aus Gründen, die ich noch erläutern werde, möglicherweise orientalischen Ursprungs ist.

Abkommen dieses Typs in dem uns interessierenden Gebiet werden wir noch in der Ur- und Frühgeschichte und bis in die Geschichte unserer Tage wiederfinden.

José-Miguel de Barandiaran, einer der größten und beschlagensten europäischen Prähistoriker, der wahrscheinlich für das Baskenland besonders kompetent ist, da es in diesen sieben Provinzen einschließlich der französischen keinen Winkel gibt, den er nicht erforscht, durchstöbert und klassifiziert hat, erklärt mit seinem ganzen ihm eigenen Wissen folgendes zum baskischen Magdalénien: «Seine physischen Merkmale sind uns nicht genau bekannt. Die im Magdalénien südlich von Isturitz gesammelten Knochen (Schädelstücke und ein Kindergebiß) ermöglichen uns keine Datierung, die von Nutzen sein könnte. Ein Schädel, den wir in der Magdalénien-Schlucht in Urtiaga gefunden haben, zeigt, obwohl er nicht zeitgenössisch, sondern später liegt, cromagnoide Merkmale, die mit jenen anderen in Verbindung stehen, die wir später bei den äneolithischen Erbauern der Dolmen unseres Landes finden. Wir dürfen also vermuten, sofern man nicht das Gegenteil beweist, daß in der westlichen Pyrenäenzone eine Rasse lebte, die mit dem Cro-Magnon verwandt war und daß in einem späteren Stadium gewisse Anzeichen auftraten (Stirnpartie, Längs- und Querschnitt, Oberkiefer und Jochbein, Vorder- und Seitenansicht), die dem heutigen baskischen Typ entsprechen.»[1]

Im Klartext und mit einer Verbeugung vor der wissenschaftlichen Vorsicht, die sich José-Miguel de Barandiaran auferlegt, bedeutet seine Aussage, daß die menschlichen Reste aus den baskischen Höhlen Cromagnoide sind... und andere scheint es nicht gegeben zu haben.

Paulette Marquer ist noch zuversichtlicher: «Die Prüfung des Urtiaga-Schädels ermöglicht uns die Aussage, daß der erste bekannte Bewohner des alt- und mittelsteinzeitlichen spanischen Baskenlandes ganz zweifelsfrei dem Typ von Cro-Magnon zuzurechnen ist.»[2]

Das ist sehr wichtig.

Zum einen ist dies von besonderer Bedeutung, da damit der Ursprung der Basken sicher bestimmt ist. Zum anderen entspricht das Magdalénien-Alter der letzten Eiszeit der Nordhalbkugel dem Alter der Felsmalereien von Altamira und Lascaux; es entspricht auch dem Alter zahlreicher behauener Werkzeuge, Schmuck und Symbole, die von bedeutenden menschlichen Werten zeugen. Es handelt sich um eine Kunst, die diesem Gebiet eigen ist, das vom Zentralmassiv bis Asturien reichte; sie unterscheidet sich wesentlich von der südspanischen oder impressionistischen Kunst der «Levante».

[1] José-Miguel de Barandiaran: El hombre prehistorico.

[2] Paulette Marquer.

In der Mittelsteinzeit kann man eine auf das Baskenland beschränkte Evolution der eingeborenen altsteinzeitlichen Bevölkerung annehmen, die schließlich zu den heutigen Basken führt, das heißt die «Künstler» von Altamira, Sentimamiñe und Ekain sind cromagnoide Vorfahren der Basken.
Die Zuordnung einiger Felsmalereien der Gironde zu einer bestimmten menschlichen Rasse ist zwar nicht so sicher wie im Baskenland, man weiß aber, daß diese Cromagnoiden dort waren und sogar vorherrschten... Es ist jedoch immer illusorisch, Rassenzonen festzulegen.
Es ist immerhin bemerkenswert, daß es bei all diesen aquitanischen und baskischen Malereien eine deutliche geistige und technische Verwandtschaft gibt. Sie sind zum Beispiel weit entfernt von den Felszeichnungen der spanischen Levante oder Andalusiens. Daß verschiedene Rassen von Zeit zu Zeit übereinander hergefallen sind, ist menschlich und unvermeidbar... Im Baskenland ist die Trennung jedoch auffällig, und man muß zugeben, sie hat sich bis heute erhalten... Und die Basken kämpfen immer noch, um sie aufrechtzuerhalten.
Man kann alles mit dem einen Satz von José-Miguel de Barandiaran zusammenfassen. «Im Pyrenäengebiet lebte eine Rasse, die mit der des Cro-Magnon verwandt war und die sogar noch im baskischen Typ der Neuzeit seine Fortsetzung findet.»
Diese Aussage setzt jeder Diskussion über den Ursprung der Basken in gewisser Weise ein Ende. Aber sie macht auch einige Gedanken und einige Schlüsse erforderlich. Halten wir zunächst die Existenz einer cromagnoiden Kultur fest. Da diese Felsenkunst nur in den Ländern mit hohen Bergen beheimatet ist, behaupten wir weiter, diese Cromagnoiden seien

Bergbewohner. Schließlich scheint diese Schicht besonders mit dem Meer und dem Atlantik verbunden zu sein.
Diese letzte Feststellung mag um so erstaunlicher erscheinen, da sie Orte im Zentralmassiv betrifft, das fern im Landesinnern liegt; geht man aber einige Jahrtausende zurück, ist diese Behauptung nicht mehr so abwegig, wie sie auf den ersten Blick erscheinen mag. Es gibt nämlich eine Zeit, da sich die Biskaya bis tief in das Landesinnere erstreckte. Zumindest die Départements Landes, Gironde und ein Teil des Gers entstanden aus Boden, den das Meer mitbrachte oder der angeschwemmt wurde.
Genau am Rand dieses «Golfs», der weit ins Land hineinreichte, befanden sich die Höhlen mit gleichartigen Felsmalereien. Übrigens finden wir diese Cro-Magnon-Schicht genau entlang der Atlantikküsten, sowohl in Europa wie in Afrika.
Und die Kultur?
Man kann sich nur schwer vorstellen, wie die Magdalénien-Kultur aussah, die die letzte Eiszeit einbezieht. Wir haben heute eine feste Vorstellung darüber, was Zivilisation ist, nämlich *unsere* Logik, *unsere* Dialektik, *unsere* Vorstellungen, *unsere* Lebensart. Wir neigen dazu zu glauben und sind sogar sicher, daß außerhalb *unserer* Art zu leben, zu denken und zu handeln kein Heil ist.
Aufgrund dessen haben wir festgeschrieben, daß die Alten wenn nicht rückständig, so doch primitiv waren und eine «prälogische» Mentalität besaßen – dieses Wort wurde eigens für sie erfunden! Diese «Primitiven» sind aber zumindest der Mühe wert, sich ein wenig mit ihnen zu befassen, sei es auch nur wegen des außerordentlichen Erbes, das sie uns hinterlas-

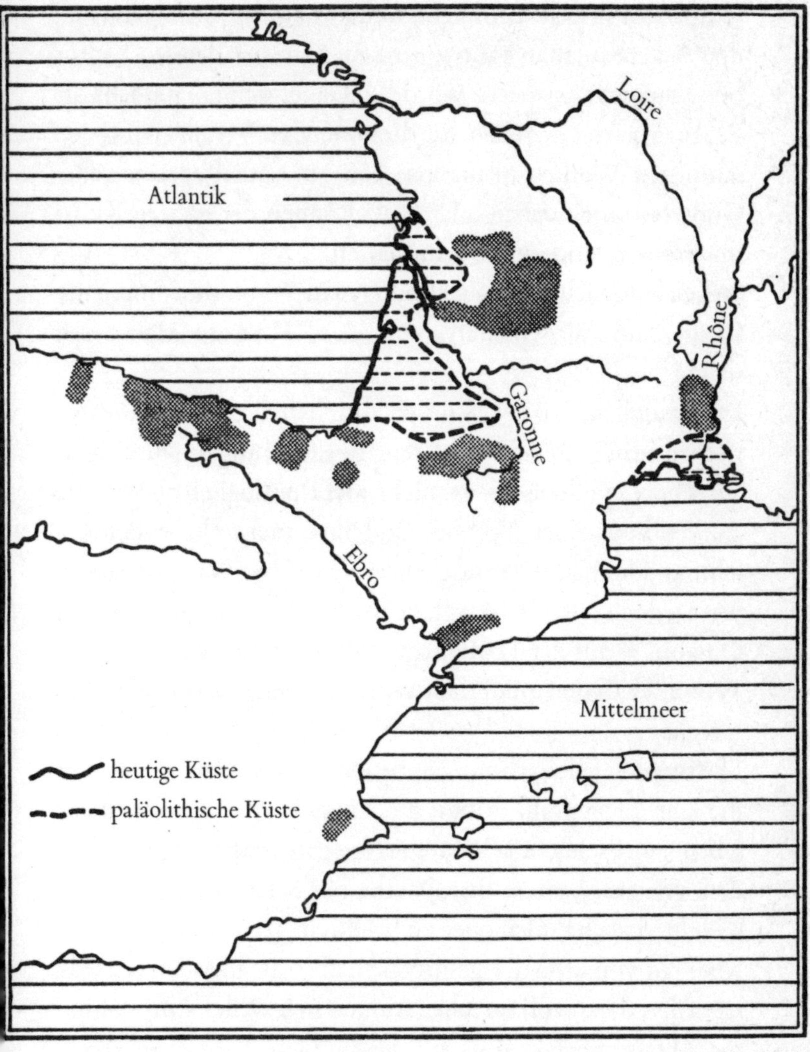

nach L'Age de Pierre (Edition Albin Michel)

Wandmalereien im Südwesten

sen haben. Es geht um nicht weniger als die Viehzucht und den Ackerbau; man kann sogar behaupten, daß *unsere* Kultur ohne sie nicht existieren würde... Dabei sollte man nicht die Felsmalereien übersehen, die durchaus den Vergleich mit den schönsten Werken in unseren Museen aushalten; auch ihre Gravuren in Knochen oder Holz können der ganzen Kunst unserer Kinderklappern standhalten.

Stehen aber nicht diese Zeichnungen in Verbindung mit jener Kunst und Wissenschaft, wie man Tiere zu Haustieren macht?

Es ist möglich, daß der Wunsch, durch die Zeichnung die tierischen Silhouetten festzuhalten, die sie ständig um ihre Höhlen sehen, «prälogisch» ist; nicht mehr prälogisch aber ist die Anwendung einer Technik und ihre meisterliche Beherrschung. Die Kunst ist möglicherweise keine Wissenschaft, es wäre jedoch unlogisch zu glauben, ihre Anwendung sei keine. Obwohl es auf der Hand liegt, daß weder diese Kunst noch Wissenschaft den modernen Vorstellungen über Malerei entsprechen.

Die meisten Felszeichnungen befinden sich in tiefen Sälen, in die kein Lichtstrahl dringt; die Tatsache, daß man sie nicht sehen kann, schließt jede Möglichkeit aus, daß jene Menschen den Wunsch hegten, ihre Werke zur Schau zu stellen, Geschichten zu erzählen oder zu belehren.

Man hat von «Magie» gesprochen; aber die meisten Wissenschaftler, die davon sprechen, fühlen sich weder sehr wohl in ihrer Haut, noch sind sie auf diesem Gebiet sehr beschlagen. Sie betrachten die Magie im allgemeinen als Ergebnis fehlender Reife, Intelligenz oder Bildung; wenn also Wissenschaftler von Magie reden, so bedeutet es für sie eine Sache, die sie nicht verstehen; daher die Versuchung zu behaupten, das alles sei nur dummes Geschwätz.

Der Petit Larousse, der alles weiß und seriös ist, gibt folgende Definition: «magie, n. w. (gr. mageia, von magos = Wunder) Kunst, mit Hilfe ritueller Praktiken Wirkungen zu erzielen, die den Naturgesetzen widersprechen.» Wenn die Felsmalereien Magie sind, wären sie der aberwitzigste Aberglaube und der Beweis der Rückständigkeit unserer Vorfahren!

Da das Wort «Magie» nicht haltbar war, das einzige, das man gefunden hatte, behauptete man anschließend, es handle sich um «Jagdmagie». Eine Art prähistorischer «französischer Jäger».

Ich glaube, es handelt sich in der Tat um «Magie», allerdings nicht in der Art des Larousse, sondern um jene, die Wirkungen erzielen will, die vollkommen *mit* den Naturgesetzen übereinstimmen. Dazu möchte ich weitere Erklärungen geben.

Es hat sich ergeben, daß Tierarten – und nicht einmal die harmlosesten – zu Haustieren gemacht wurden. Zu Haustieren für den Menschen, das heißt mit dem Menschen verbunden. Aber sie wurden kaum gezähmt. Man zähmt ein Tier, auch mehrere, aber niemals eine ganze Gattung. Die Gattungen müssen in ihrem Wesen, ihrem Verhalten und in ihrer Persönlichkeit irgendwie insgesamt geändert werden. Heute wären wir dazu nicht fähig, aber die Alten taten es, und das scheint den Naturgesetzen zu widersprechen. Handelt es sich also um eine vermeintliche Kunst? Sie hat aber funktioniert, wir haben nämlich immer noch Haustiere... Selbst wenn einige wieder wild geworden sind, ließen sie sich leicht wieder zu Haustieren machen.

Es bleibt aber anzumerken, daß außer den heute ausgestorbenen Wisenten und den Bären die meisten Felsmalereien Tiere darstellen, die heute Haustiere sind. Zumindest im Baskenland: Rinder in Alkerdi und Sentimamiñe, Hirsche und Pferde in Sentimamiñe und Isturitz, Rentiere, Ziegen und Schafe in Sentimamiñe und vor allem die Pferde in Ekain. Zudem sind es Tiere der heutigen Rassen in diesem Teil der Pyrenäen, die in den Höhlen dargestellt sind – außer dem Rentier natürlich, das in den Norden emigrierte. Die Rinder sind von der sogenannten «blonden» Pyrenäenrasse, die Ziege lebt in den sogenannten «Pyrenäenrassen» weiter, die Pferde, vor allem aus Ekain, sind identisch mit den letzten überlebenden Ponys im Baskenland, die früher in den Bergwerken eingesetzt wurden.
Wie die Menschen gab es die Tiere schon zur Magdalénien-Zeit, beide kamen nicht von anderswo her. Diese Tiere wurden an Ort und Stelle von diesen Cromagnoiden zu Haustieren gemacht. Dies ist nun tatsächlich die «große Magie», das heißt eine große Wissenschaft; eine Wissenschaft, die sich auf die tiefe Kenntnis der Natur, des Bodens, der Tiere, ja vielleicht sogar der Genetik stützt... Um solches zu bewerkstelligen, mußte man sich einer Kunst bedienen, die nicht fiktiv war, sondern man brauchte Verfahren und Wissen, die bekannt waren und wissenschaftlich angewendet wurden... Eine Hypothese natürlich, aber ich glaube, daß den Felsmalern die Anwendung dieser Techniken nicht fremd war. Die Erklärung geht über mein Wissen und meine beschränkten Schulkenntnisse hinaus. Und dennoch...
Wenn man zugibt, wie es die Hindus tun, daß das Tier in sich selbst kein Individuum ist, sondern ein Teil oder eine Zelle

einer Herde, wenn man zugesteht, daß die Individualität dieser Art oder Rasse, wie die Hindus sie nach meinem Wissen nennen, die «Clan-Seele» ist, wäre es dann nicht durch Beeinflussung dieser «Clan-Seele» möglich, eine Veränderung der gesamten Rasse oder Art oder der Herde zu bewirken?

Beeinflussung durch Bilder? Wäre das nicht eine Handlung, die die «Hexenmeister» durch den Zauberkreis zu erreichen versuchen? Es ist nicht sicher, daß diese Verfahren, die die Scharlatane zum Ergötzen der Zuschauer anwenden, nicht wirksam gewesen sind, als sie von «Magiern» angewendet wurden.

Es sei auch daran erinnert, daß fast alle Felszeichnungen von einem «Sehenden» mit außergewöhnlicher Sorgfalt und Genauigkeit «im Dunkeln» angefertigt wurden. Vielleicht beruhen die Polygone, in die die meisten Themen eingeritzt wurden, nicht auf Zufälligkeit... und auch nicht auf fiktiver Kunst.

Denkt man zudem an die außergewöhnliche Entdeckung, die Cleve Backster[1] machte, daß Pflanzen auf menschliche Gedanken reagieren, wird man es vielleicht auch nicht für unmöglich halten, daß eine *vermutete Kunst* bei Pflanzen Mutationen erzielt, die zum Beispiel zu Weizen, zu Mais oder irgendeiner anderen Art führen, die nach unserem Wissen durch Mutation entstanden sind. Diese künstlichen Erzeugnisse sind das Ergebnis einer antiken Wissenschaft, die unsere moderne Agronomie kaum bewältigen könnte.

Und dann kam die Sintflut.

[1] Vgl. Peter Tompkins: Das geheime Leben der Pflanzen. Scherz Verlag.

3

Die Sintflut

Die Sintflut gab es. Sie muß stattgefunden haben, denn ihre Spuren sind nicht nur in den alten Sagen und Legenden vorhanden, sondern man findet auch entsprechende geologische Schichten; die Sintflut bedeutete praktisch das Ende der Eiszeit.

Man muß sich diese Eiszeit einmal so vorstellen, wie es die Geologen tun; sie hat nach vielen Vorläufern den Namen Würm V. Schnee und Eis erstreckten sich vom Nordpol bis zum 45. Breitengrad; es war eine Eismasse, deren Größe fast nicht zu berechnen ist und die in kurzen Frühjahren und Sommern ohne Wärme nur wenige Orte freiließ, an denen Menschen, Tiere und Pflanzen überleben konnten.

Man hat Karten angefertigt, die grob die Ausdehnung dieser Eismassen erfassen, wobei man vor allem die Moränen untersuchte, das heißt die mitgeschleiften Steine, die sich an den Gletscherzungen ablagerten. Damit man sich einmal ein Bild davon machen kann, sei darauf hingewiesen, daß die Steinblöcke im Wald von Fontainebleau von einer Moräne stammen. Das hohe Zentralmassiv lag damals unter ewigem Schnee. Die Pyrenäengletscher zogen sich bis auf 700 Meter Höhe hinunter. Gleiches gilt für die kantabrische Küste. Die Ebenen waren fast das ganze Jahr über mit Schnee bedeckt. Und in Spanien gab es Rentiere!

Im Norden ist es noch schlimmer, denn die Luftfeuchtigkeit

löst sich in Schnee, dann in Nebel auf; es bilden sich daraus Gletscher, die im Lauf mehrerer Jahrtausende immer größer werden...

Und dann schmolz alles. Das war vorhersehbar.

Wir alle kennen die Jahreszeiten. Dem Winter folgt das Frühjahr und die Schneeschmelze, dann kommt der Sommer. Dem nördlichen Winter entspricht ein südlicher Sommer und umgekehrt. Das ist der Jahresrhythmus.

Es gibt aber noch einen anderen, viel langsameren Vorgang, der im Lauf eines Menschenlebens nicht auszumachen ist, da er sich im Rhythmus eines «Großjahres» abzuspielen scheint. So nennt man die Zeit, die die Erde im Spiel der voranschreitenden Aufeinanderfolge der Tagundnachtgleichen braucht, um ihre Ausgangsposition im Kreislauf der Gestirne wiederzufinden. Dies dauert 26000 Jahre.

Durch die Positionsverschiebungen der Erde bei ihrer elliptischen Bahn um die Sonne ergibt es sich, daß die Nordhalbkugel einen Teil des Großjahres sehr kalten und langen Wintern ausgesetzt ist, während die Südhalbkugel wärmere Sommer erlebt. Dann kehrt sich die Lage um, die Südhalbkugel hat kältere Winter, während sich die Nordhalbkugel erwärmt. Im Augenblick sind die Winter am Südpol viel kälter als im Norden. Daraus folgt, daß die Eismassen am Südpol viel dicker sind als am Nordpol. Sie sind heute mehrere Kilometer dick. Wenn die Eismassen am Südpol abtauten, würde nach heutigen Berechnungen der Meeresspiegel um mehr als 150 Meter steigen; dies bedeutete den Untergang der meisten europäischen Städte, weil die Natur eigene Gesetze hat und sich nicht um Regierungen, Religionen, Philosophien oder «das Lebensniveau» kümmert...

Geht man noch einen Schritt weiter, könnte man sagen, daß Schnee und Eis, die sich an einem Pol sammeln, aus der Verdunstung des Meerwassers entstehen. Es ergibt sich also ein Austausch von Stoffen, der zwingend zu zwei Ergebnissen führt: einerseits wird das mechanische Gleichgewicht der Erde langsam, aber stetig gestört; es ist andererseits möglich, daß eine leichte Verschiebung der Erdachse erfolgt. Ein anderes mechanisches Gesetz besagt, daß das aus dem Meer verdunstete und an den Polen abgelagerte Wasser eine Senkung des Meeresspiegels herbeiführen muß. Folglich ergibt sich eine Beschleunigung der Rotationsgeschwindigkeit der Erde durch Verminderung des Äquatorumfangs.

Da der Nordwinter der Eiszeit besonders kalt gewesen zu sein scheint, ist es klar, daß die Eismassen auch besonders dick waren. Als der Nordwinter zu Ende ging, hat die Schneeschmelze in zweifacher Hinsicht zu einer Sintflut geführt, einmal aufgrund des Anstiegs des Meeresspiegels, zum anderen durch das Ungleichgewicht, das durch die Verlagerung der Gewichte und die Brüche der Erdkruste verursacht wurde[1].

Eines Tages wurde die Sonne wärmer; kleine Sturzbäche aus den Bergen begannen an den Steinen in ihren Betten zu springen; in den folgenden Wochen wurde es noch wärmer, und der Gesang der Gewässer wurde lauter. Als die Wärme immer weiterstieg, erwachten die Sturzbäche in den Gebirgen, und gurgelndes Wasser ergoß sich in die niedriger gelegenen Täler.

Die Menschen in den Tälern, die die Sonne gesegnet hatten,

[1] Die Cheopspyramide muß *vor* der Sintflut entstanden sein; könnte nicht ihre leichte Neigung zum heutigen Pol auf diese Verlagerung zurückzuführen sein?

sahen, wie das Wasser stieg und ihre Felder überflutete, die sie mit viel Mühe angelegt hatten; die Muschelfischer mußten zusehen, wie das Meer höher und höher stieg und nicht mehr zurückging. Dann kamen die Seewinde mit ihrem Regen und ließen den letzten Schnee schmelzen, der Berge von Schmutz zurückließ; dabei wurde alles weggetragen, was nicht in die Berge geflüchtet war, Mensch und Tier in wildem Durcheinander. Sie drängten sich in Höhlen, deren Eingänge nicht an den steilen Flanken der Hügel lagen.
Das Wasser des Meeres stieg immer weiter; das Ufer war nicht mehr das Ufer von einst, die Schiffe der Menschen zerbarsten an den Felsen oder wurden aufs offene Meer hinausgetragen. Dann erbebte die Erde dumpf, und gigantische Flutwellen erhoben sich mehrere hundert Meter hoch, überrollten alles bis zu den höheren Erhebungen; der Regen vernebelte unablässig die Sonne, und die nasse Sonne verschwand im dicken Dunst jenseits der überfluteten Täler. Die Geröllmassen suchten sich ihren Weg in neue Gefilde. Der Regen selbst war voll Schmutz und Lavaasche, die die Vulkane in die Luft stießen.
Poseidon, der Gott des Meeres, wurde zum Zerstörer der Erde... Die Sterne des Nordens standen nicht mehr an ihrem Platz, wenn sie manchmal durch den dicken Dunst sichtbar wurden, der über der Erde lag.
Die Vulkane des Zentralmassivs stießen rauchende Lavaströme aus, die die Täler füllten und Mensch und Tier unter sich begruben. Nur die Bewohner der hohen Berge überlebten in dieser entfesselten Welt und führten ein kärgliches Leben; sie hatten alles oder fast alles vergessen, alles verloren. Die meisten geheiligten Höhlen, in denen in einem Ritual des Schat-

tens die Herrschaft des Menschen über die Natur erdacht worden war, waren vom Wasser aus dem Meer und vom Himmel überschwemmt... Als der Mensch schon nicht mehr zählen konnte, stand plötzlich nach langer Zeit ein Silberstreif am Himmel, die Wogen des Meeres glätteten sich, neue Wasserläufe fanden durch die Schlammassen ihren Weg ins Tal.

Nach dem Naturgesetz der Schwerkraft flossen die Wasser aus der Schneeschmelze in die Meere, in jene Meere, deren Spiegel natürlich gestiegen war... Zweifelsohne sehr hoch; denn die Erinnerung an die große Flut blieb in der Überlieferung aller Völker der Erde unter dem Namen «Sintflut» erhalten.

Aber die Meere stiegen nicht einheitlich. Durch die Zunahme der Rotationsgeschwindigkeit der Erde flossen diese Gewässer zum Äquator, wo sich eine Art riesiger Wirbel bildete.

An diese Sintflut muß man zurückdenken. Man kann sich vorstellen, daß sie überwältigend war; denn nur ihre Brutalität kann bei so vielen Völkern das Grauen hinterlassen haben, das man sogar in der Genesis findet, die zur Zeit Mose entstand, das heißt 1500 oder 1300 Jahre vor Christus.

War die Sintflut brutal, bedeutet das, da wir uns am Ende der Eiszeit befinden, daß die Erwärmung der Nordhalbkugel sehr schnell vor sich gegangen sein muß. Wie erfolgte diese Erwärmung? Das weiß niemand. Vielleicht kann man eine Beziehung zur Legende von Phaedon herstellen; ein Komet lief sehr nahe an unserer Erde vorbei und strahlte eine derartige Hitze ab, daß der Boden verbrannte; das bedeutete für den Norden, daß er die Eismassen in kurzer Zeit zum Schmelzen brachte.

Wie die Sintflut auch ausgesehen haben mag, ob sie schnell oder langsam vor sich ging, die Schmelze fand statt; ob sie brutal war oder nicht, es gab eine Sintflut, die sicherlich einen Teil dessen verschlang, was auf der Erde lebte. Es blieb nur der Teil am Leben, der in den Bergen hauste; Platon sagt im *Timaios:* «Nur die Hirten in den Bergen überlebten.»
(Es sei angemerkt, daß alles, was wir an Kulturen dieser Erde kennen, aus den Bergen kommt und nicht aus den Ebenen. Die Kulturen Mesopotamiens kamen aus dem Kaukasus, die ägyptischen aus Äthiopien, die indischen aus der zentralasiatischen Hochebene... Kulturen entwickeln sich einfacher in den Ebenen, ihre Schöpfer jedoch kamen aus den Bergen... So gibt es nur eine Erklärung: Die Menschheit überlebte nur in den Bergen und auf den Hügeln, von dort stieg sie in die Ebene hinab, wo nichts mehr existierte.)
Nur wenige Tiere konnten sich retten. Im Baskenland verschwand das Mammut und das Wisent; die Bergtiere wie Pony, Ziege, Schaf und das blonde Rind, die wir aus den Felszeichnungen kennen, finden wir auch im Neolithikum wieder.
Sollte es eine Kultur der Ebene oder der Täler gegeben haben, was wahrscheinlich ist, so verschwand sie vollständig mit allen einst dort lebenden Menschen. Dann hat sich vielleicht nach und nach wieder ein Gleichgewicht hergestellt. Das Gleichgewicht zwischen der Rotationsgeschwindigkeit der Erde und der Verteilung des Wassers auf der Erdoberfläche. Zu jenem Zeitpunkt gab es aber keine Kultur mehr...
Es war sicher nicht die erste Sintflut; und es wird eine neue geben, wenn der Schnee des Südens schmilzt.
Die Höhlen, die «magischen» Grotten, die noch existieren,

liegen im allgemeinen weit über dem Meeresspiegel, entweder zufällig oder weil ihre Wahl willentlich von den Menschen des Magdalénien getroffen wurde. Man kann nämlich nicht ausschließen, daß die Menschen, die die Höhlen bewohnten, wußten, daß die Sintflut kam und bis wohin sie sich erstrecken würde. Das paßt natürlich nicht zu der Idee, die man sich heute von dem Menschen der Vorgeschichte und seinen möglichen Kenntnissen macht... Zumindest aber sein Schädelvolumen glich dem unseren.

Zweifelsohne hatten jene Menschen ein Wissen von der Erde, das wir nicht mehr besitzen. Ich sprach in «Les Jacques et le mystère de Compostelle»[1] von dieser Doppellinie von Geländepunkten, die in den Ortsnamen erhalten blieben, die von Katalonien bis zur Atlantikküste Galiziens verlaufen und die genau zwei Breitengraden folgen (man kann sie auf jeder detaillierten Karte sehen). Wer anders als die Cromagnoiden hätte sie zeichnen können, die damals die ganzen Pyrenäen «besetzt hielten»? Es waren sicher nicht die Christen, auch nicht die Römer, Iberer oder Kelten, die nicht in das baskische «Versteck» eindrangen, und noch weniger die Westgoten, die ebenso Barbaren waren wie die Franken. Eine exakte Parallele in den Bergen anzulegen, ist auf jeden Fall keinem «Dummen» möglich...

Die Sintflut war einfach das Ende einer Kultur. Die Kunst der Felsmalerei verschwand endgültig; und nicht nur diese Kunst, sondern all das, was man die Industrie des «Magdalénien» nennt. Dadurch verschwand jedoch zumindest im Baskenland keine menschliche Schicht, denn diese blieb hier.

[1] Editions Robert Laffont.

Diesen Bruch, die Umwandlung des Lebens der Menschen nannte man den «neolithischen Hiatus». Nach diesem «neolithischen Hiatus» und der Sintflut, die es gegeben haben muß (oder man müßte notgedrungen einen Ort finden, wo das ganze geschmolzene Eis hingelaufen ist), ändert sich die Lebensart der Menschen.

Zunächst einmal behauptet sich der Mensch nicht mehr in einer nördlichen Natur und deren Klima. Die Rentiere, die eine ausgezeichnete Jagdbeute waren, zogen in den Norden, ihrer Nahrung folgend. Einige gingen mit ihnen; dies gilt aber wohl nicht für die Pyrenäenvölker, die an ihrem Platz bleiben, da wir sie dort wiederfinden. Ihre Schwierigkeiten sind sicher sehr groß, denn die Fauna, ihre Hauptnahrungsquelle, war zurückgegangen. Pferdereste sind zum Beispiel in dieser sogenannten «mesolithischen» oder «Azilien»zeit (Name des Fundortes Mas d'Azil) geringer als vorher. Dasselbe gilt auch für Reste von Rindern, Bergziegen und Rotwild...

In diesen atlantiknahen Ländern, in denen die Wassertemperatur sicher gestiegen war, verzehrt der Mensch des Mesolithikums dagegen Unmengen von Muscheln. Da sich das Gebiet erwärmte, nahm die Flora nach und nach zu, so daß man bei den Resten des Azilien-Menschen ein «beträchtliches Überangebot an vegetarischen Lebensmitteln» [1] findet.

Der Mensch, dieser Punkt interessiert uns natürlich am meisten, scheint sich nicht sehr geändert zu haben, es sei denn, es handle sich um die normalen Veränderungen aufgrund des milden Klimas und der andersartigen Ernährung. José Miguel de Barandiaran erklärt dazu eindeutig in seinem Buch

[1] José-Miguel de Barandiaran, a.a.O.

«Homme préhistorique au Pays basque»: «Die menschlichen Reste des Azilien, die bis heute in den baskischen Pyrenäen entdeckt wurden, kommen aus der Grotte von Urtiaga. Wir haben zwei Schädel untersucht. Diese ähneln beziehungsweise decken sich mit dem gegenwärtigen baskischen in verschiedenen Punkten, so daß wir schließen können, daß aufgrund dieser Übereinstimmungen die Schädel als ‹Initiatoren› des gegenwärtigen baskischen Pyrenäentyps angesehen werden müssen. Wenn der Mensch von Urtiaga möglicherweise das Ergebnis einer lokalen Entwicklung des Cro-Magnon ist, mit dem er in einigen Merkmalen übereinstimmt, wären alle Hypothesen zurückzuweisen, nach denen das baskische Volk aus einem anderen Land gekommen sein soll.»

Außerdem gebrauchte der Mensch dieser und der folgenden «Asturien»zeit nach Auffassung der Prähistoriker Stein- und Knochenwerkzeuge, die auch ihre Vorgänger benutzten; sie änderten sie nur geringfügig. Ein Unterschied jedoch bleibt; das ist der Verfall der Kunst. Die naturalistische Kunst der Felsmalerei oder der bearbeiteten Knochen macht einer Kunst Platz, die viel schematischer ist. «Wir kennen aus dieser Zeit keine Wandmalereien im Baskenland und die Gravuren auf Holz sind nur nicht lesbare Einritzungen.»[1] Es scheint, daß dies für das ganze Gebiet gilt, in dem sich Höhlen mit Wandfiguren gehäuft finden. Das genau ist der «neolithische Hiatus».

Auf jeden Fall, und das interessiert uns, wenn wir nach dem Ursprung der Basken fragen, ist es dieselbe Bevölkerung, die an denselben Orten existiert. José-Miguel de Barandiaran

[1] José-Miguel de Barandiaran, a.a.O.

macht dazu folgende Anmerkung. «Die Beschäftigungen geistiger Art setzen sich teilweise wie früher fort. Es werden noch immer dieselben Amulette wie vorher benutzt. Andere Tätigkeitsformen sind dagegen verschwunden. Die Tierdarstellung zum Beispiel ist nicht länger von Bedeutung. Das künstlerische Interesse hat sich anderweitig orientiert. Wahrscheinlich kam es zu einer Änderung der geistigen Struktur und der Auffassung von der Welt gleichzeitig mit einer Änderung, die sich im Wirtschaftsleben vollzog.»[1]

Die Kultur der Eiszeit ist tot, eine neue entsteht. Eine Kultur, die uns ein wenig träumen läßt, ohne daß die baskischen Archäologen die geringste Lösung für die Kontinuität mit der vorhergehenden Periode hätten finden können.

Obwohl die Wissenschaftler im allgemeinen diese sogenannte neolithische Periode von der folgenden äneolithischen trennen, in der die Dolmen auftraten, hat es nicht den Anschein, daß die Unterschiede zwischen diesen beiden Perioden genügend geklärt sind, um sie an dieser Stelle mit irgendeiner Begründung zu trennen.

[1] José-Miguel de Barandiaran, a. a. O.

4

Die Menschen der Jungsteinzeit

Das Neolithikum macht die Basken so, wie wir sie kennen. Die Jahreszahlen, die man im allgemeinen für die Zeit des Neolithikums und Äneolithikums festlegt, sind Näherungswerte. Im übrigen beginnen noch enden sie abrupt durch geologische Ereignisse, die genügend markant wären, um eine Datierung zu ermöglichen. Zudem variieren die Daten für diese Zeiten von Ort zu Ort.

Eine Kultur war mit der Eiszeit verschwunden, eine andere hatte sich jedoch gebildet, die dann zu einer gewissen Blüte gelangte. Im Baskenland wird uns diese neolithische Kultur, ohne sie von den Vorläufern trennen zu wollen (der Baske hat sich nie wirklich von seinen Ahnen freigemacht), eine Reihe neuer Dinge bringen, von denen wir heute noch abhängig sind.

Zunächst trat die Axt auf. Die Axt aus geschliffenem Stein. Das Werkzeug aus poliertem Stein ist keine Verbesserung der schon bekannten Axt aus behauenem Stein. Sie ist etwas anderes. Sie ist weder eine Jagd- noch eine Kriegswaffe, sondern ein Werkzeug. Ein Werkzeug für den Köhler und natürlich für den Zimmermann.

Die Erstellung eines Werkzeugs aus poliertem Stein erforderte von seinem Hersteller eine außergewöhnliche Kenntnis der Steine, die zu gebrauchen waren, das heißt, die geschärft werden konnten, damit man mit ihnen hacken konnte, ohne daß sie auseinanderbrachen oder ihre Härte verloren und ohne daß der Arbeitende zu schnell ermüdete. Die Herstellung dieser Axt muß sehr schwierig gewesen sein, da sich der Handwerker vor die Notwendigkeit gestellt sah, Schleifsteine einzusetzen. Sie war zweifelsohne sehr lange das Werkzeug weniger. Man rankte um sie herum wunderbare Eigenschaften und begrub sie gläubig mit ihren Besitzern.

Dieses Steinwerkzeug bedeutete jedoch endlich die Möglichkeit, Holz zu schlagen, Bretter zu zimmern und vor allem Schiffe zu bauen, die auf dem Meer fahren konnten und keine Boote aus Tierhäuten mehr waren, mit denen man sich nicht von der Küste entfernen konnte. Ich behaupte dies nicht leichtfertig. Die Urbasken waren viel früher fähig, die hohe See zu befahren, als man es sich vorstellt.

In Lumentxa entstand auch eine Mühle – wenn auch einfach – aus zwei Steinen, der eine konkav, der andere konvex, wodurch beide gut ineinander paßten. Eine Mühle! Das ist vielleicht zu wenig, um schon das Vorhandensein von Landwirtschaft anzunehmen, aber man darf zumindest an die Möglichkeit denken!

Zu diesem Thema eine kleine Legende. Vor langer, langer Zeit bebauten die Basajaunak (Herren der Natur, die alle ihre Geheimnisse kannten), die in einer Höhle wohnten, oben auf den Hügeln ihren Boden und ernteten dort reichlich Weizen.[1] In den Tälern wohnten die Christen, die keinen Weizen anbauten; denn sie kannten kein Getreide. Eines Tages zog einer dieser «Christen», den man in vielen Erzählungen wiederfindet, mit dem Namen San Martino, zu große Stiefel an

[1] José-Miguel de Barandiaran: Mythologie basque.

und machte sich auf den Weg zur Höhle der Basajaunak. Dort sah er die Weizenberge und schlug eine Wette vor, wer am besten über den größten Haufen springen könne. Man schloß die Wette ab. Die Basajaunak übersprangen den Haufen mit Leichtigkeit. Da San Martino aber weniger geschickt war, fiel er mitten hinein, und in seine zu großen Stiefel rieselten die Körner. Mit diesen Stiefeln voller Weizen kehrte San Martino nach Hause zurück, obwohl die Basajaunak, als sie seine List durchschauten, versucht hatten, ihn davon abzuhalten, indem sie ihm eine kleine Axt hinterherwarfen, die ihn jedoch verfehlte. Die «Christen» wußten jedoch nicht, in welcher Jahreszeit man den Weizen aussäen mußte. Erst eine Indiskretion entdeckte ihnen dies Geheimnis, und seitdem gab es Weizen in allen Dörfern.

Die Legende liegt natürlich sehr viel früher als die christliche Zeit, die erst sehr viel später im Baskenland anbrach... San Martino ist sicherlich eine spätere Zuordnung.

Dennoch ist der Hinweis wertvoll. Er stammt aus einer Zeit, in der die Täler aufgrund der jährlichen Überschwemmungen nur teilweise fruchtbar gemacht werden konnten. Und das würde für uns bedeuten, daß wir wahrscheinlich geologisch in die neolithische Zeit zurückkommen. Außerdem zeigt die Legende, daß der Ackerbau von «Eingeweihten» schon betrieben wurde, die mehr oder weniger Genies, Genies der Natur, waren. Tatsächlich aber haben sie, wie wir noch sehen werden, nur symbolisch etwas «Wundersames» an sich, wie es der «gemeine» Mensch immer annimmt, wenn es sich um eine gewisse Überlegenheit handelt. Sie stehen nicht allein, und wir werden noch andere mit anderen Fertigkeiten finden.

Das sind jedoch nicht die einzigen Errungenschaften dieser Zeit. Plötzlich taucht auch wie an allen anderen Orten Keramik auf. Sie steht im übrigen mit Feuer in Verbindung. Auch der im Feuer gebrannte Ton aus tonigem Boden ist allerdings nichts Besonderes.

Aber man stellt fest – und dies ist von besonderer Bedeutung –, daß Rinder als Haustiere gehalten werden. «Die baskische Rasse (das ‹blonde› Rind), die traditionsgemäß im Baskenland gehalten wurde und wird, ist die gleiche, die einstmals wild im gesamten Pyrenäengebiet lebte, so daß man annehmen muß, daß der Baske jene Art zum Haustier gemacht hat, die dort einst wild lebte. Gleiches gilt für die Ziege und das Schaf.»[1] Ich glaube übrigens, wie ich schon sagte, daß man schon vor der neolithischen Zeit Haustiere hielt, sie aber erst von da an nachweisbar sind. Und das liegt einige Jahrtausende zurück in einer Zeit, als biblisch gesprochen Abraham seine Schafherden durch die Ebenen Mesopotamiens trieb...

Die baskischen Legenden geben für die höheren Wesen immer die Höhlen als Wohnort an, und es ist eine Tatsache, daß diese Höhlen trotz des Rückgangs des Eises immer von Menschen bewohnt waren, ob diese nun Teil einer Aristokratie waren oder nicht. In der neolithischen Zeit leben sie noch in Sentimamiñe, in Lumentxa, in Bolinka und an vielen anderen Orten. Die Toten werden im Boden des Portals wenige Schritte vom Eingang entfernt in einem runden Graben begraben, der mit Steinen wie ein kleiner Kromlech umgeben wird.

[1] José-Miguel de Barandiaran: El hombre prehistorico en el pais vasco. Editorial vasca, Buenos Aires.

In der neolithischen Zeit lebten nicht alle in Höhlen. Es müssen «Häuser» existiert haben; aber diese sind immer vergänglich und verschwinden viel früher als die Monumente. Die einzigen Bauten im Baskenland, die uns aus dieser Zeit bleiben, sind die Dolmen.

Denn es gibt Dolmen im Baskenland. Im allgemeinen glaubt man nämlich, dieses Monument gehöre in die Bretagne, denn dort findet man die bekanntesten... Aber die Ankunft der Bretonen im Armorikum liegt mindestens 3000 Jahre später als die Errichtung dieser Monumente. Als die ersten gälischen Kelten in Gallien auftauchten, gab es die Dolmen schon seit mehr als 1000 Jahren. Daß die Druiden sie gebraucht haben, ist eine andere Geschichte, und daß das Volk sie mehr oder weniger verehrt hat, liegt in noch viel älteren Bräuchen. Die Häufigkeit der Dolmen ist im Zentralmassiv ebenso groß wie in der Bretagne oder auch im Baskenland, wobei sie im portugiesischen und spanischen Galizien nicht einmal alle ausfindig gemacht wurden.

Es handelt sich um Steintafeln aus einem Stück, manchmal extrem schwer, unterstützt von senkrecht stehenden flachen Steinen, die im allgemeinen eine Höhlung, die sogenannte «Dolmenkammer», bilden. Fast alle Dolmen haben die Eigenart, daß die Tafel, die als Dach dient, keineswegs auf großen Stützen ruht, wie es eigentlich Logik und Stabilität erfordern, sondern auf den sehr feinen Spitzen der Stützen, im allgemeinen drei an der Zahl, manchmal auch vier... Dennoch ist ihre Stabilität sehr groß.

Wenn sie nicht halb zerstört sind, meist ein Werk der Christen, kann man sehen, daß die Tafel auf diesen punktförmigen Stützen von Natur aus die Eigenschaft hat, in Vibration

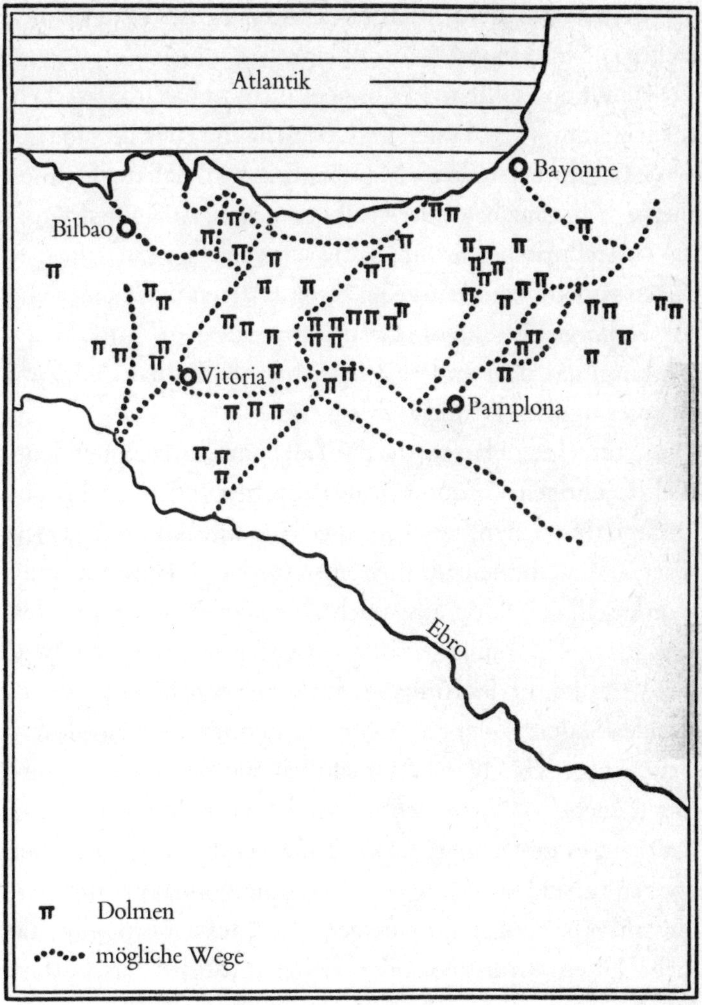

nach Barandiaran

Dolmen im Baskenland

zu geraten und manchmal zu klingen, wenn man an der richtigen Stelle klopft.
(Diese Übung sollte man übrigens nicht unbedacht machen, denn es kommt zu Tönen im Ultraschallbereich, die eine gewisse Gefahr darstellen.) Man hat bemerkt, daß die Dolmen meistens an ganz besonderen Stellen stehen, an Knotenpunkten von tellurischen Strömen, die verschiedener Ordnung gewesen sein können. Entweder Ströme, deren tiefer Ursprung uns verborgen ist und die zweifelsohne aus dem Zentralmagma kommen, oder andere, die leichter auffindbar sind, zum Beispiel aus dem Grundwasserspiegel.
Die senkrechten Platten, die die Tafel unterstützen, und jene, die die übrigen Öffnungen «verstopfen» und nicht bis zur Deckplatte reichen, lassen immer eine Öffnung frei, damit jeder in die Dolmenkammer eintreten kann. Diese Öffnung wurde sehr sorgfältig ausgesucht. Sie liegt entsprechend den verschiedenen Sonnenständen entweder direkt nach Osten oder zum Punkt des Aufgangs der Sonne zur Wintersonnenwende (Südost) oder zur Sommersonnenwende (Nordost). Trotz ihrer scheinbaren Schlichtheit wurden diese Monumente nicht zufällig errichtet. An der Technik wird es ganz deutlich; es gibt einige, deren Tafel sich auf drei oder vier Spitzen ruhend seit Tausenden von Jahren nicht gerührt hat, obwohl es bestimmt nur wenige Gebiete auf der Erde gibt, die nicht durch ein großes oder kleines Erdbeben erschüttert worden wären.
Manchmal stehen vor diesen Dolmen noch senkrecht aufgestellte Steine, die mit Platten belegt sind. Das stellt für die Dolmen eine Art «Auffahrt» dar, die man gedeckte Allee nennt. Interessant ist dabei, daß diese gedeckten Alleen nur

selten gerade verlaufen, sondern einen mehr oder weniger stark nach links weisenden Winkel bilden... Wie übrigens alle Kirchen bis zur Renaissance... Und wie auch die ägyptischen Tempel. Es ist eindeutig, daß es von den Dolmen zur Renaissance eine ununterbrochene Tradition gegeben haben muß, deren Sinn heute verloren zu sein scheint.

Trotz der umfangreichen Literatur über dieses Thema konnte bis heute niemand den Zweck der Dolmen entdecken, obwohl man nicht bezweifeln kann, daß sie einen gehabt haben müssen. Es wäre ein wenig kindisch, zu glauben, daß sie in die Landschaft gesetzt wurden, um hübsch auszusehen oder um zu romantischen Träumereien einzuladen. Die Wahl des Platzes, die Wahl von rohen Steinen für ihren Bau (obwohl einige aus einer Zeit stammen, in der man sehr wohl Steine behauen konnte und in der man schon entsprechendes Werkzeug besaß), schließlich die Schwierigkeit der Aufstellung und der Transport der Steine, die manchmal von weit her kamen, lassen uns nachdenklich werden. Es kann sich kaum um ein Spiel gehandelt haben.

Im allgemeinen haben sich Archäologen und Prähistoriker der Sache entzogen, indem sie behaupteten, es seien «Grabmonumente». Das ist zweifellos richtig... einerseits. Jedes religiöse Bauwerk ist in gewisser Weise eine Grabstätte. Wirkliches oder fiktives Ziergrab. Oder beides. Oft hat man Skelette in den Dolmen gefunden. Man hat auch solche gefunden, die erst viel später nach der Erbauung dort begraben wurden. Man könnte auf den Gedanken kommen, daß die baskischen Neolithen ihre Toten gerne in Höhlen begruben und die Tradition sie inspirierte, künstliche Höhlen an ausgesuchten Orten anzulegen, wo wohltuende Einflüsse der Mutter Erde für Tote und Lebende zu spüren waren. Man kann alles vermuten. Hypothesen bleiben aber Hypothesen, so verführerisch sie auch scheinen mögen.

Auch das Alter der Dolmen ist unbekannt. Man nimmt an, daß die ältesten aus dem Gebiet von Alvao im portugiesischen Galizien stammen. Man hat gesagt, sie seien etwa 3500 Jahre vor unserer Zeitrechnung entstanden (in diesem Gebiet hat man Petroglyphen entdeckt, die sehr eng mit denen von Glozel verwandt sind). Man sagt auch, daß die bretonischen und baskischen Dolmen etwas später liegen.

Aber die Ortsnamenkunde Galiziens läßt die Vermutung aufkommen, wenn es nicht schon ein Beweis ist, daß die Basken oder eine baskoide Bevölkerung dieses Gebiet besetzten. Die Dolmen Galiziens sind im übrigen absolut identisch «gearbeitet» wie jene im Baskenland.

Während die meisten Dolmen in der Bretagne oder im Zentralmassiv einfach auf dem Boden errichtet wurden, waren die baskischen Dolmen und die Galiziens bis zur Höhe der Tafel mit einem Erdwall umgeben. Man hat den Eindruck kleiner Hügel, denen man im Baskenland das Suffix *mendi* anhängt, was Hügel oder Berg bedeutet. In Galizien nennt man sie einfach *Mamoa,* was man sehr gallisch mit «Busen» übersetzen könnte.

Man hat behauptet, was keineswegs sicher ist, zumindest nicht in allen Fällen, daß die Dolmen der Bretagne, die jetzt frei stehen, früher auch von einem Erdwall umgeben waren und daß nur Unwetter diese Hügel abgetragen hätten, so daß die Steine nun offen zutage liegen.

Man hat diese Dolmen bis zum Mittelmeer sowohl im französischen wie im spanischen Teil Kataloniens gefunden, wo die regionale Ortsnamenkunde einen alten baskischen Hintergrund aufdeckt. Die Geschichte, die wir wiederfinden werden, erinnert an jene Zeit, als die Basken sich über einen Teil Kastiliens, über Aragon und im Norden bis zur Garonne und nach Toulouse ausdehnten. Gerade Toulouse hat eine Entsprechung in Guipuzcoa: *Tolosa.*

Man hat also im Baskenland Menschenreste in den Dolmen gefunden. Diese Reste sind sowohl cromagnoid wie baskisch; Basken, wie wir sie heute kennen. Und keine anderen. Die sich aufdrängende Schlußfolgerung ist klar. Die baskischen Dolmen wurden von Basken errichtet oder, wenn man so will, von Urbasken. Ohne daraus absolute Schlüsse ziehen zu wollen, da sich baskische Ortsnamen entlang der Atlantikküste zumindest bis nach Galizien und Katalanien im Osten erstrecken, kann man sagen, daß die Dolmen dieses Gebietes ebenfalls von Urbasken erbaut wurden. Und die anderen... Darauf werden wir noch zu sprechen kommen.

Aufgrund der bemerkenswerten Identität der Konstruktion der Dolmen überall in der Welt haben zahlreiche Wissenschaftler und Forscher die Hypothese aufgestellt und verteidigt, es habe ein «Volk der Dolmen» gegeben. Man stelle sich einmal ein Volk vor, das die Dolmenkunst über die ganze Erde verbreitete!

Das sind Dinge, von denen man spricht, die man aber nicht vertieft. Wäre nämlich ihre Existenz bewiesen, würde das ganze zerbrechliche Gebäude, das man für die neuere Vergangenheit errichtet hat, zum großen Schaden manch bisheriger Ruhmestat zusammenbrechen. Und damit auch der weltweite Wert, den man der Bibel beimißt, der Geschichte einer kleinen Gruppe von Hirten.

Aber die Tatsachen liegen vor.
Vor 2000 Jahren oder kurz vor Moses bauten die Ahnen der Basken Dolmen an fast der gesamten Atlantikküste, im Verlauf der Pyrenäen vom Atlantik bis zum Mittelmeer.
Und nur sie allein.
Die Ahnen der Basken, das heißt die Abkommen der sogenannten Cro-Magnon-Rasse.
Die gleichen Dolmen findet man in ganz Frankreich und ganz Europa, außer in Mitteleuropa. Für Frankreich ist das nicht weiter erstaunlich, denn die französischen Ortsnamen zeigen, daß sich die Abkommen des Cro-Magnon nicht mit der kleinen Ecke der Pyrenäen zufriedengaben, in der die heutigen Basken wohnen.
Diese französischen Ortsnamen sind in einem stärkeren Maße, als man glaubt, baskischen Ursprungs.

5

Die baskische Sprache

Am Ende des Neolithikums hat sich die baskische Rasse in ihrer jetzigen Form entwickelt. Nun ist sie nicht mehr Vorgeschichte, sondern Geschichte. Das Volk hat eine ihm ganz eigene Sprache, die es allein auf der ganzen Welt spricht... Es gibt mehr als ausreichende Beweise, daß ihm diese Sprache in ihren Hauptelementen zumindest aus der Zeit des späten Paläolithikums überliefert wurde.

Der Baske hat also zumindest in den Wurzeln eine cromagnoide Sprache. Man hat sie unter diesem Blickwinkel erst sehr wenig erforscht; wenn man es jedoch tun und alle von der heutigen Linguistik zur Verfügung gestellten Quellen einsetzen würde, fände man das beste Exempel für die Untersuchung des Menschen und der Wissenschaft der Eiszeit.

Bis heute war – jedoch in einem anderen Sinn – die Sprache ein Element, dem die Spezialisten am meisten Beachtung schenkten, und zwar, weil sie sehr lange Zeit aufgrund fehlender anderer wissenschaftlich und biologisch verwertbarer Kenntnisse die einzige Basis war und ist, auf die der Forscher sich stützen kann, wenn er dem geheimnisvollen Ursprung der Basken auf den Grund gehen will.

Aus mehr sentimentalen als wissenschaftlichen Gründen machten sich die meisten Linguisten daran, sie nicht in sich selbst zu untersuchen, sondern vielmehr eine Verbindung zu finden, die möglicherweise zu Recht oder Unrecht zu den indoeuropäischen Sprachen gezogen werden könnte. Alles oder fast alles, was sie als Verwandtschaft der baskischen Sprache fanden, hatte nur so lange Bestand, wie man das Ergebnis noch nicht ernsthaft und kritisch untersucht hatte. Man fand Wurzeln, wie sie bei allen Sprachen vorkommen und die das Resultat eines Austauschs im Laufe der Jahrhunderte sein konnten. Nichts konnte dauerhaft überzeugen.

Daraus sollte man jedoch nicht schließen, daß diese «gemeinsamen Wurzeln» nichts aussagen, denn sie können Anzeichen für alte Zusammenhänge, für Reisen oder andere Ereignisse sein. Jede Sprache besitzt nämlich fremde Wörter, die im Laufe ihrer Bildung oder ihrer Umformung aufgenommen und integriert wurden.

Man mußte tatsächlich zu der Schlußfolgerung kommen, daß das Baskische eine spezifische Sprache des baskischen Volkes war und es vollkommen unmöglich ist, sie bei dem heutigen Wissensstand auf der Basis von wissenschaftlich gesicherten Argumenten mit irgendeiner anderen Sprache in Zusammenhang zu bringen. Man kann vielleicht gerade noch «Verwandtschaften» feststellen.

Durch das neolithische beziehungsweise mesolithische «Mobiliar» wissen wir, daß die cromagnoide Bevölkerung der Pyrenäen im Laufe der Ur- und Vorgeschichte Beziehungen zu anderen nahen oder weit entfernten Völkern unterhielt und daß diese den Cromagnoiden neue Techniken übermittelten – und von ihnen erhielten –, die natürlich auch von neuen Wörtern begleitet waren. Das kann jedoch immer noch nicht heißen, daß ihnen dergestalt eine Sprache gebracht wurde...

Nebenstehende Karte: Ausdehnung der heutigen baskischen Sprache

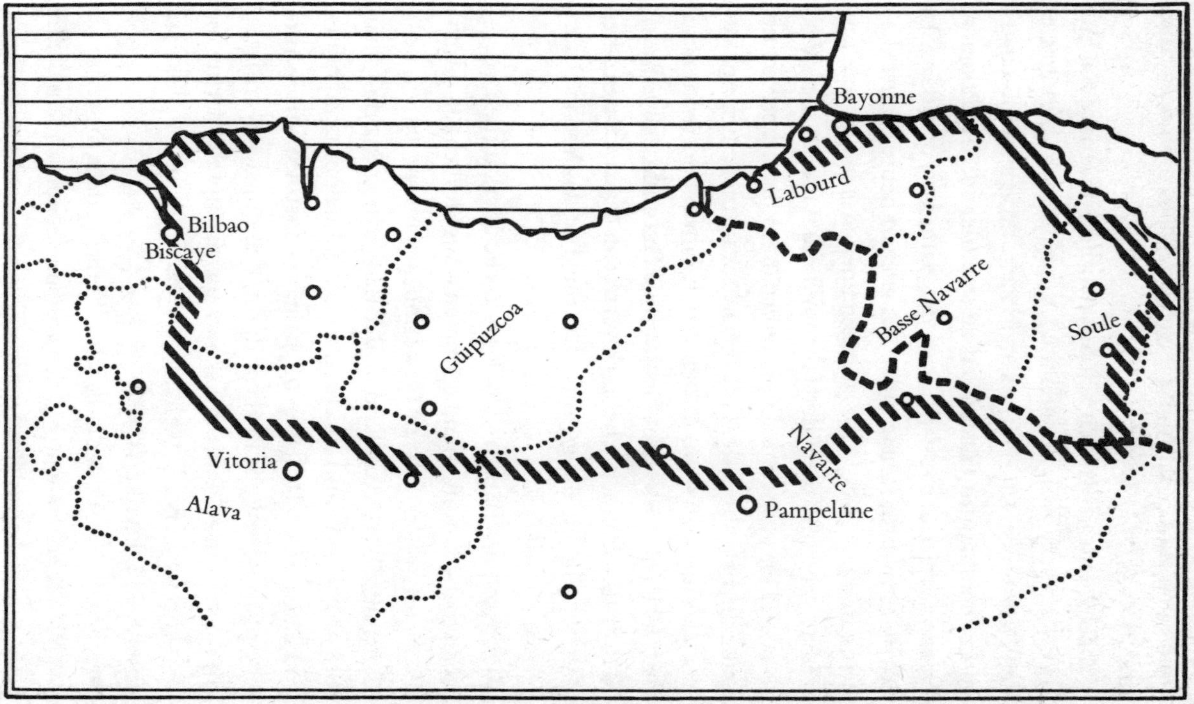
Bayonne
Labourd
Bilbao
Biscaye
Guipuzcoa
Basse Navarre
Soule
Navarre
Vitoria
Alava
Pampelune

Und auch nicht, daß die dazugehörigen Wörter verwandt sind.
Zunächst einmal müssen wir auf den Begriff «baskisch» zurückkommen. Zur Bezeichnung des ganzen Volkes gibt es den Begriff erst seit relativ kurzer Zeit. Er scheint aus einem vaskischen Stamm entstanden zu sein, der in Alava oder in diesem Gebiet gehaust hat und der dann von den Römern überliefert wurde. Diese sollen ihn wie wir heute benutzt haben, um ein ganzes Volk zu bezeichnen, das in Stämme unterteilt war. Im Laufe der Jahrhunderte wurde es zu «Vascon» und zu «Gascon». Der letztgenannte Begriff bezeichnet heute die Bewohner der Gascogne. Es wäre nicht ausgeschlossen, daß die Gascogne in den ersten Jahrhunderten unserer Zeitrechnung baskisches Gebiet war. Das baskische Element ist dort immer noch sehr stark vertreten. Vaskisch wurde zu Baskisch, da fast die gesamte Langue d'oc das V wie B ausspricht.
Wenn sich die Basken jedoch als solche anerkannten, so geschah dies – könnte man behaupten – aus Höflichkeit gegenüber jenen, die es sich zur Gewohnheit gemacht hatten, sie so zu nennen. Im Baskenland ist der Baske ein Eskualdun, man spricht eskuara, und die Frau ist die Eskualduntza. Dies ist von besonderer Bedeutung, denn die Leitidee, die wahrscheinlich unbewußt ist, liegt darin, daß nur der würdig ist, ein Eskualdun zu sein, der Eskuara spricht und der darum die Bräuche der Rasse bewahrt; das Land, in dem man Eskuara spricht, ist Eskualherri.
Dies ist ein Aspekt der baskischen Sprache, dem die Gründer von Weltreichen wie Frankreich oder Spanien niemals die geringste Bedeutung beigemessen haben – zumindest nicht

nach außen. Er ist jedoch einer der Gründe aller baskischen Aufstände seit dem ersten Versuch der Eroberung durch die Römer. Man wollte die Freiheit, die Sitten und die Sprache aufrechterhalten. Wer wollte ihnen das verübeln?

Hat nicht Mistral ganz offen gesagt: «Ein Volk, das seine Sprache und die Sitten seiner Väter mißachtet, verdient nur, daß es untergeht.» In dieser Hinsicht gibt es eine Frage, die mir besonders wichtig erscheint und die nicht ausgespart werden sollte. Warum ist für die Basken die Sprache ein Element der Sitten, das bewahrt werden *muß?* Und warum schließt sich jeder, der sie nicht bewahrt, über kurz oder lang als Eskualdun aus?

Alle Völker halten an ihrer Sprache fest. Ihre Sprache ist ihre Art zu denken und vor allem Inhalt dessen, was sie wissen. Ihr Gebrauch ist für sie das Einfachste von der Welt. Für viele ist es auch die Sprache ihrer Kindheit, die ganze Poesie der frühen Jahre. Durch die wissenschaftlichen Notwendigkeiten und die Mode geben sie sie jedoch sehr leicht auf. Das Gallische, Ligurische, Iberische, später das Lateinische, um nur wenige aufzuzählen, gingen nach und nach schmerzlos unter... Zwei Sprachen jedoch bleiben gegenüber allem und jedem erhalten; zwei Sprachen, an denen «ihre» Menschen wild entschlossen festhalten. Die eine ist rein biblisch geblieben – das Hebräische. Die andere ist das Baskische.

Bedeutet dies nicht, daß *Eskuara,* ob sich die Menschen dessen bewußt sind oder nicht, nicht nur die Rasse trägt, sondern auch eine Botschaft aus der Tiefe der Zeit ist, daß sie ein Geschenk und eine Unterrichtung ist und daß sie in sich selbst einen geheiligten Wert darstellt, den man um jeden Preis bewahren *muß?*

Wir werden auf dieses Thema zurückkommen müssen.

Trotz allem, was man sich erzählt, bietet die baskische Sprache nach Meinung der Spezialisten keine größeren Schwierigkeiten als die meisten anderen Sprachen. Trotz der Subtilität der Syntax stimme ich mit ihnen insofern überein, wenn man sich nur über das Wetter unterhalten will... Die Sprach«beherrschung» scheint mir jedoch eine ganz andere Sache zu sein. Nicht die Sprache ist schwierig, sondern der Geist, der dahintersteht. Und gerade er ist das genaue Gegenteil aller anderen indoeuropäischen Sprachen.

Eskuara ist im wesentlichen eine agglutinierende Sprache, die um die Hauptwörter eines Satzes herum durch angehängte Suffixe alle Bezeichnungen der Art, des Ortes und der Handlung vereinigt und sie durch Beugungen bestimmt. Sie ist also im wesentlichen synthetisch. Hinzu kommt noch, daß sie auch konkret ist. Durch diesen Umstand allein ist sie von der Anlage her das totale Gegenteil der indoeuropäischen Sprachen – unter diesen vor allem des Französischen, das durch Präpositionen und andere «Bänder» alle Bestimmungen der Art, der Zeit, des Ortes und der Handlung vom Objekt ablöst; dadurch ist es eine fast vollständig analytische Sprache.

Der Geist eines Volkes hat sehr viele Bindungen in seiner Sprache. Er ist durch diese Sprache bedingt. Ein Kind, das von Geburt an nur an ein analytisches System gewöhnt ist, läßt nach und nach die Realität von Dingen und Menschen verkümmern, die die Sprache nicht beinhaltet. Jeder Versuch, Dingen und Menschen neues Leben einzuhauchen, erfolgt, wenn es überhaupt möglich ist, durch die Schaffung abstrakter Begriffe, die sofort von der Wirklichkeit abgetrennt werden. Durch die Sprache kommt also der Franzose dazu, die

Wirklichkeit nicht in ihrer Einheit, sondern in analytisierten Fragmenten zu betrachten. Natürlich hat diese ständige Analyse, selbst wenn sie unbewußt ist, wissenschaftlich einige Vorteile für die Forschung, Menschlich ist nicht sicher, ob das Ergebnis besonders wohltuend ist.

Dagegen nimmt das Baskische rund um das Hauptsächliche, Mensch oder Ding, alles auf, was mit Eigenschaften vereint werden kann. Daraus folgt scheinbar eine gewisse Schwerfälligkeit, praktisch werden jedoch alle abstrakten Worte aus dem Denken ausgeschlossen. Abstraktion erfolgt durch Vergleich und die Analyse, die gezwungenermaßen bei der Wahl der Suffixe angestellt wird, dient zur Vervollkommnung des Objektes; die Deklinationen und Konjugationen geben ihr ein Eigenleben in Zeit und Raum.

Wir stehen vor einer Sprache, die konkret eine konkrete Wirklichkeit umschreiben kann, und zwar umfassender, als es die analytischen indoeuropäischen Sprachen vermögen. Außerdem ist diese Sprache sehr gelehrt und hat eine Syntax, die alle Linguisten, die sich mit ihr beschäftigt haben, als bemerkenswert ausgeglichen ansehen. Daher kann sie, ohne irgend etwas von ihrem Geist zu verlieren, das «konkret Materielle» hinter sich lassen und einen eindeutig religiösen Charakter annehmen. Kurz, sie vereint alle Eigenschaften, um eine heilige Sprache darzustellen... Wer die baskischen religiösen Gesänge gehört hat, wird dem nicht widersprechen.

Jetzt taucht wieder das Rätsel auf, das immer noch dasselbe ist, nämlich: Wo liegt der Ursprung dieses Volkes? Wer hat diese Sprache erdacht?

Es ist schwer zuzugeben, daß sie von einem in den Pyrenäenbergen verlorenen Stamm erdacht wurde – und sie wurde mathematisch konstruiert. Es ist auch schwer einzusehen, daß sie von dem prähistorischen Menschen gefertigt wurde, wie wir ihn uns heute im allgemeinen vorstellen wollen: Jäger und Steineklopfer... In diesem Winkel der Berge, wo Eskuara noch heute gesprochen wird, findet man jedoch seit dem Magdalénien nur eine einzige Rasse und ihre Abkommen: die Cromagnoiden.

Wir müssen das kindische Bild überdenken, das wir uns von jenem Menschen der Eiszeit machen – schon die Entdeckung der Felsmalereien hätte uns seit langem in diese Richtung führen müssen. Er hatte vielleicht nur die Aufgabe, im Eis zu überleben; seine Wissenschaft sollte man jedoch nicht gering achten, auch wenn sie mit der unsrigen aus der Konsumgesellschaft nicht mehr übereinstimmt.

Denn diese Sprache kommt von sehr weit her. Nämlich genau so weit, wie diese Eiszeit zurückliegt – und dafür gibt es ein ganzes Bündel von Beweisen. Sie hat zweifelsohne, weil sie heilig war, in einer etwas anderen Form überlebt, hat sich in Einzelheiten mit der Rasse entwickelt, wobei Vokabeln verschwanden, die ohne Bezugspunkt waren, und andere hier und dort für neue Dinge auftauchten. Sie wurden jedoch immer, das ist wichtig, baskisiert und in die gesamte Sprache und Syntax integriert.

Für mich steht es außer Zweifel, daß es das Baskische, das Eskuara war, das die Menschen sprachen, die auf den Hügeln und sogar in den Bergen riesige Felsblöcke zusammentrugen, die zu Dolmen wurden. Sie schleppten sie mit Hilfe ihrer Rinder. (Davon ist noch eine Art Sport geblieben – ein wenig heilig wie alle baskischen Sportarten: Steinblöckeziehen mit einem Ochsengespann...)

Man muß auch daran denken, daß nicht mit Sicherheit feststeht, daß das Sanskrit schon Formen angenommen hatte und daß noch gut zwei Jahrtausende vergehen mußten, ehe Hebräisch oder auch Phönizisch entstanden.
Die Sprache hat die meisten Wörter dieser weitentfernten Zeiten beibehalten und auch andere, die sicher noch weiter zurückliegen. Sie hat sie beibehalten, und häufig kommen sie noch über die Lippen der heutigen Basken.
Die Axt, die zunächst aus Stein, später aus Bronze geformt wurde, heißt immer noch *aitzkora*, von *aitz* = der Stein. Da die Axt offensichtlich eine religiöse Rolle spielte oder zumindest als Grabbeigabe gedient hat, könnte man behaupten, daß der Begriff aus Respekt bewahrt wurde. Den Begriff *aitz* = Stein findet man jedoch auch noch in *aitzkur* = der Spaten, die Axt, die Schaufel... Es gibt außerdem *aitzkurbergi* = das Eisenloch der Axt, in das der Stiel eingepaßt wurde. Da ist auch noch der Stein, den man in *aitzto* = Messer wiederfindet. José-Miguel de Barandiaran sagt dazu: «Die baskische Sprache hat Wortelemente aus der Steinzeit beibehalten.»
Außerdem schreibt er: «Die Tatsache, daß *urraida* (von *orre* = Gold und *aide* = ähnlich) und *zirraida* (von *zilhar* = Silber und *aide* = ähnlich) die baskischen Worte für Kupfer und Zinn sind und daß ihre Bildung genau dem Zeitpunkt des Auftauchens dieser Metalle entspricht, ist ebenfalls ein Zeichen, daß der baskische Wortschatz Wörter (*urre* und *zilhar*) erhalten hat, die vor der Verbreitung des Kupfers (Äneolithikum) und des Zinns (Bronzezeitalter) lagen.»[1]
Es sei auch angemerkt, daß *hortzi*, von *hortz* = der Himmel,

[1] José-Miguel de Barandiaran, a.a.O.

Blitz bedeutet und *hortz* ebenfalls der Zahn heißt. Wir wissen, daß der an einer Kette getragene Zahn in prähistorischen Zeiten Schutz vor dem Blitz bieten sollte. Die Sitte ist sehr alt, denn sie kommt aus dem Neolithikum.

Einiges existiert, das geht noch weiter zurück, nämlich ins Paläolithikum, in die Eiszeit. Es scheint, und die baskischen Linguisten sind davon überzeugt, daß die Erde als Boden *lur* dieselbe Wurzel hat wie der Schnee *elur*. Gleiches gilt für einen Namen des Steins *arri* und Eis = *karri*. Auch *orma*, was in der Biskaya eine Wand ist, hat in Navarra, in Labourd und in Guipuzcoa noch die Bedeutung von Eis. Das erinnert alles an eine Zeit, in der die Sonne aus Schnee war, das Eis aus Blöcken, die Steinen glichen und die Wände auch aus Eis. Diese Verbindung ließ A. Campion fragen: «Haben die Basken ihre Hütten wie die Lappen und die Eskimos mit gefrorenem Schnee gebaut?»

Man sollte nicht absolut behaupten, daß das heutige Baskisch schon seit mehr als 10000 Jahren in der Magdalénienzeit gesprochen wurde. Sicher ist jedoch, daß die von den Magdaléniens im Pyrenäengebiet benutzten Wörter in der baskischen Sprache von jener Zeit bis heute kontinuierlich überliefert wurden.

Handelt es sich dabei nur um überlieferte Wörter, die in eine neue Sprache eingeführt wurden? Oder gab es die Sprache mit einem grammatikalischen Substrat, einer Syntax und einer logisch organisierten Entwicklung schon in einer Form, die dem gegenwärtigen Baskisch nahe ist? Diese Frage muß natürlich ohne Antwort bleiben... Aber die Maler von Altamira und Lascaux waren sicher nicht mehr im Stadium von «bla bla bla»... Einige hochverehrte Wissenschaftler haben doch

allen Ernstes die Hypothese aufgestellt, diese Menschen hätten nicht einmal gewußt, wie ihre Frauen schwanger wurden, denn sie hätten in ihrer Naivität gewisse Annäherungen nicht gemacht!
Wie dem auch sei, wir finden in der baskischen Sprache jene Kontinuität wieder, die wir morphologisch seit dem cromagnoiden Urahn des späten Paläolithikums bis heute feststellen.
Dem Wesen nach ist das Baskische keine Schriftsprache. Es ist eine gesprochene Sprache. Die Schrift kann gar nicht alle Feinheiten einer Sprache mit Beugungen enthalten. Außerdem wird sie erst seit relativ kurzer Zeit geschrieben. Der erste baskische Text scheint die Schrift aus der Abtei von San Milan/Yeso zu sein. Aus dieser Abtei, von der man sagt, sie sei westgotisch. Der Text stammt aus dem 10. oder 11. Jahrhundert. Er wurde phonetisch niedergeschrieben wie die Rede des Panurge bei Rabelais. Jetzt druckt man sie. Das ist zwar praktischer, aber man muß befürchten, daß die Sprache «in eine Falle gegangen ist» aufgrund dieser Fixierung durch die Schrift und die daraus folgende Unberührbarkeit.
Es liegt etwas wirklich Wunderbares in diesem langen Bestehen einer Rasse, die in ihrem Winkel der Berge, den sie so wild verteidigt hat, in ihren Friedhöfen, Grabstätten und Höhlen die Überbleibsel der Kultur, der Künste und Denkweise ihrer Ahnen wiederfinden kann. Durch rund 30 000 Jahre ist dies alles auf ihrem Boden weitergegeben worden, ohne daß die Kontinuität verlorenging. Das Erbe reicht bis zu den gegenwärtigen Nachkommen dieser Gemeinschaft, die auch ihre Sprache kaum geändert hat.
Und dann ihr Blut!

6

Die Blutgruppe 0

Es steht fest, daß die Alten – von denen man im allgemeinen annimmt, daß ihre biologischen Kenntnisse sehr gering waren – den Gedanken der Rasse durch das Blut ausgedrückt haben. Man sagte von einem Familienangehörigen, «er sei von seinem Blut». Man war – oder war nicht – «von königlichem Geblüt». Die Prinzen waren «von Geblüt» oder nicht. Man sprach auch von «blauem Blut», ohne genau zu wissen, woher dieser Ausdruck kam und welche Bedeutung er ursprünglich hatte.

Wenn man bei Menschen heute kaum noch davon spricht, so haben die Viehzüchter diesen Gedanken beibehalten. Von einem Pferd sagt man, es sei «vollblütig», was den Gedanken der Rasse beinhaltet. Es kann von «reinem Blut» sein, obwohl diese Aussage biologisch falsch ist.

Heute tut man dieses für den Menschen als Aberglauben ab, der aus der Vergangenheit kommt und uns nichts bedeutet...

Als jedoch die Medizin Bluttransfusionen vornehmen wollte, die problemlos erschienen, wurde man sich darüber klar, daß das Blut irgendeines Menschen nicht auf irgendeinen anderen Empfänger übertragen werden konnte. Man konnte nicht irgendeinem ohne tödliches Risiko sein Blut übertragen. Man konnte es nur Menschen geben, die «von gleichem Blut» waren.

Das brachte die Forscher in den Labors dazu, den Grund für diese Anomalie zu suchen, die der philosophischen und allgemeingültigen Idee widersprach, daß «alle Menschen gleich» sind. Zwischen 1900 und 1902 entdeckte Landsteiner, daß man zumindest in Europa drei Blutgruppen unterscheiden mußte, die er A, B und 0 nannte (0 für Null).

Man konnte gefahrlos Blut A auf einen Menschen übertragen, der dieselbe Blutgruppe A hatte, es war jedoch gefährlich, es auf einen Menschen mit der Blutgruppe B zu übertragen. Umgekehrt galt das gleiche; die Blutgruppe B durfte nur auf einen Menschen mit der Blutgruppe B übertragen werden und auf keinen anderen. Schließlich konnte das Blut der Gruppe 0 auf jeden übertragen werden, ob er nun A, B oder 0 hatte.

Außerdem erkannte man, daß die Übertragung der Blutqualität erblich war. Wenn es sich nun um Menschen handelte, deren Erzeuger unterschiedliche Gruppen hatten, folgte die Vererbung den Mendelschen Gesetzen, das heißt, man traf auf AA, BB, 00, A0, B0 oder AB.

Später konnte Bernstein weiter ausführen, daß diese Blutunterschiede auf verschiedenen Genen beruhen. Dies war von großer Bedeutung, denn es erklärte die Vererbbarkeit des Blutes. Die Bedeutung war vor allem statistisch, denn die Eigenschaften des Blutes schienen weniger individuell als genetisch zu sein oder, wie es Lahovary (Le sang des peuples) ausdrückt: «Das Blut behält mehr als körperliche Eigenschaften mit erstaunlicher Konstanz die Spur der vergangenen Jahrhunderte und spiegelt die Kreuzungen wider, sogar die ältesten, deren organische Erinnerung jede ethnische Gruppe bewahrt, selbst wenn sie nur auf ein Dorf beschränkt war.»

Die Fortschritte in der Chirurgie und die immer häufigere Notwendigkeit von Bluttransfusionen zwangen zur Bluntuntersuchung möglicher Spender. Daraus ergab sich die Zentralisierung der übergroßen Zahl von Informationen, so daß diese nicht nur medizinisch oder individuell, sondern auch statistisch ausgewertet werden konnten.

Die Statistik ist bekanntlich eine Wissenschaft, die man zu jeder Aussage bewegen kann, je nachdem, welche mathematische Methode man anwendet. Man kann diese zur Analyse vor allem in finanzieller, industrieller oder politischer Hinsicht heranziehen. In medizinischer Hinsicht sind die Ergebnisse jedoch klar und folglich ohne mathematische Überarbeitung wissenschaftlich verwertbar.

Statistisch hat man auch sehr schnell bemerkt, daß es eine Beziehung zwischen der Verteilung von Blutgruppen und der Geographie gibt, was nicht ohne Bedeutung sein sollte. Man hat ebenfalls bemerkt, daß ein Zusammenhang zwischen den Menschentypen besteht, wenn man so will, zwischen den Rassen, und ihrem Bluttyp, was übrigens die Alten sehr gut erklärten, wenn sie Rasse und Blut gleichsetzten.

Lahovary erklärt zum Beispiel, es gebe in ganz Europa grundsätzlich eine Verbindung zwischen Brachyzephalie und der Blutgruppe A.

Für die weiße Rasse hat man festgestellt, daß die meisten Menschen in Europa und vor allem in Nordeuropa die Blutgruppe A haben. In Asien haben dagegen die gleichen Weißen in der Mehrheit die Blutgruppe B. Je weiter man von Westen nach Osten oder genauer von Nordwesten nach Südosten geht, um so mehr nimmt die Blutgruppe A ab und die Blutgruppe B zu.

Eine einfache logische Überlegung läßt den Gedanken zu, daß in sehr weiten Grenzen der Ort mit dem höchsten Anteil einer Blutgruppe jener Ort ist, wo die Rasse (oder die Rassengruppe) ihren Ursprung hatte, von dem aus sie sich dann verbreitete.

Das wäre sicher eine vereinfachte Darstellung des Problems, vielleicht in einigen Fällen auch eine Übertreibung. In Wirklichkeit ist alles viel komplexer. Das Völkergemisch, das sich seit der Vorgeschichte ergeben hat, die Wanderungen, die aus erdbedingten Gründen erfolgten oder die sich aus Hungersnöten oder Überbevölkerung ergaben, geben dem Problem ganz andere Dimensionen. Will man jedoch nicht zu enge Grenzen abstecken, bleibt die Globallösung eine Tatsache.

Außer den Informationen durch Forschungsarbeiten auf rein medizinischem Gebiet über die Sammlung von Blut haben die Anthropologen ihrerseits systematische Analysen der verschiedendsten Bevölkerungen und der Vielzahl ihrer Blutgruppen vorgenommen. Obwohl diese Arbeiten noch lange nicht abgeschlossen sind, ermöglichen die vielen inzwischen gesammelten Informationen dennoch die Erstellung von Karten über die Dichte verschiedener Gene. Diese Karten geben nur Annäherungswerte und werden im Lauf der Forschung genauer. Aber sie geben schon jetzt so ausreichende Aufschlüsse, daß man eine allgemeine Aussage über die Verteilung der «Gene» machen kann und damit auch über die Ursprünge der Bevölkerungen.

Natürlich sind diese Karten in den Ländern vollständiger, die man entwickelt nennt, das heißt dort, wo die Forschung intensiver betrieben wird.

Ihre Aussage, die nur oberflächlich sein kann, läßt den Gedanken zu, daß viele klar festgelegten Überzeugungen noch einmal geprüft und zweifelsohne korrigiert werden müssen, insbesondere im Hinblick auf die Wanderungen und Züge der Völker, die aufgrund von mehr oder weniger wissenschaftlich gesicherten Daten heute angenommen werden. Dies gilt zum Beispiel für den Ursprung der Kelten, die man von einem sehr weit entfernten Ort kommen ließ, da ihre Sprache angeblich von dort kam.

Das Problem der Verteilung der Basken, besser der Cromagnoiden, ist dagegen wesentlich einfacher zu lösen. Es ist einer bestimmten parallelen linguistischen Verteilung gar nicht so fremd.

Die Basken besitzen im allgemeinen Blut der Gruppe 0. Bei ihnen hat man sogar den höchsten Prozentsatz dieser Gruppe festgestellt. Der höchste Anteil findet sich im französischen Teil des Baskenlandes. Noch genauer in Haute-Soule (Gebiet von Mauléon, von dem man annimmt, daß dort die Sprache am besten erhalten ist). Dr. de Jaurreguiberry hat dort 52 von 100 Menschen mit der Blutgruppe 0 festgestellt, während im spanischen Teil immer noch ein hoher Anteil von 51 Prozent auffällt. Bei den anderen Blutgruppen hat Dr. de Jaurreguiberry 36 Prozent für A gegenüber 43,61 Prozent im spanischen Teil des Baskenlandes entdeckt. Die Blutgruppe B gibt es praktisch nicht oder nur zu einem ganz geringen Prozentsatz: 4,18 Prozent (nach Chalmers) in Spanien und 0 Prozent in Navarra (nach Eyquem).

Das sind Aufstellungen von Blutgruppen, das heißt Phänotypen, aber die Häufigkeit der entsprechenden Gene dieser Phänotypen ergibt noch klarere Ergebnisse, wenn das überhaupt möglich ist.

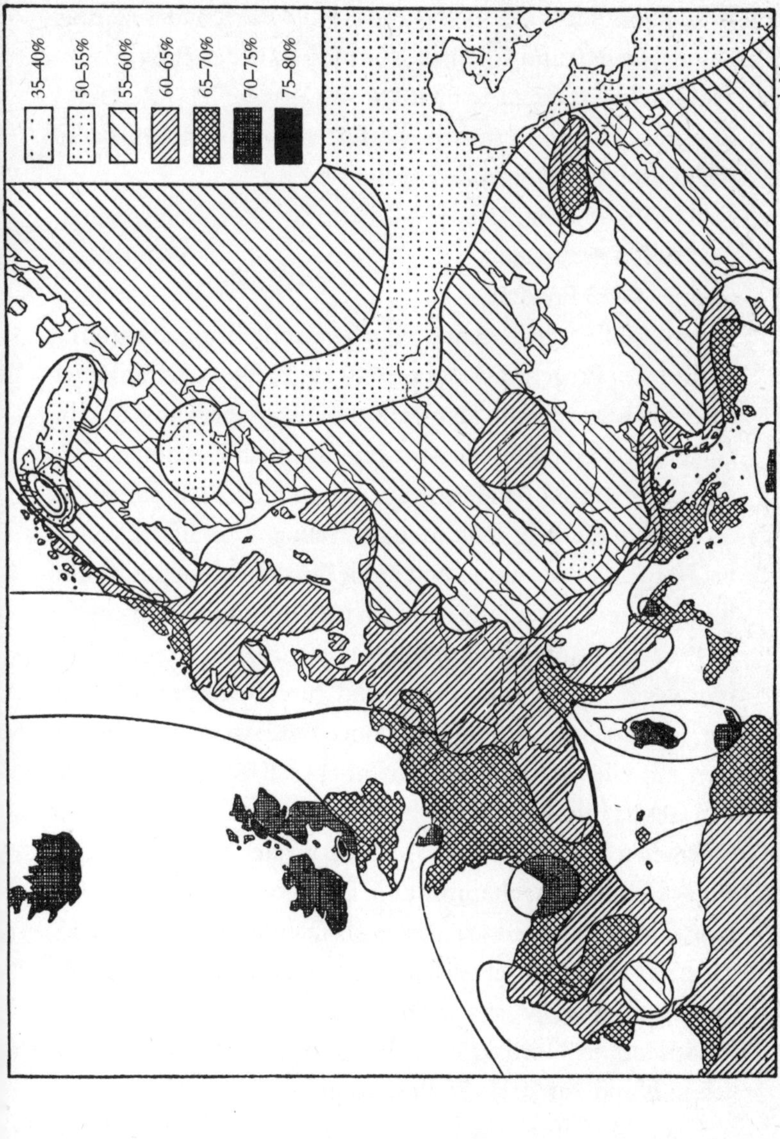

nach Mormant

Verteilung der Blutgruppe 0 in Europa

In La Soule hat Dr. de Jaurreguiberry 79 Prozent der Häufigkeit des Gens 0 und Chalmers für die baskischen Provinzen in Spanien 71,7 Prozent festgestellt.

Zusammenfassend ergeben die Daten für die sieben baskischen Provinzen folgende Ergebnisse:

Gen 0 70–75 Prozent
Gen A 20–25 Prozent
Gen B 0– 3 Prozent

In dem Maße, wie man sich jedoch vom Baskenland entfernt, nimmt der Prozentsatz des Gens 0 ab. In Südwestfrankreich ist er noch sehr hoch, dazu gehört die kantabrische Küste bis Galizien und die Pyrenäen bis einschließlich Katalonien.

An der gesamten Atlantikküste, am Ärmelkanal und an der Nordsee in Holland stellt man noch einen Prozentsatz von 65 bis 70 Prozent fest und auch an der Halbinsel Cotentin und im Bergener Gebiet in Norwegen liegt die Zahl noch bei über 70 Prozent. Dann fällt der Wert auf 60 Prozent, wenn man in Norwegen weiter nach Osten und zum Baltikum geht. An der adriatischen Küste und in einer Enklave in Nordrumänien gilt Gleiches. An den italienischen Küsten in der Nähe von Genua und Kalabriens sowie in Griechenland und an der türkischen Küste ist der Prozentsatz wieder höher, ebenso in Südportugal. Danach nimmt die Dichte noch weiter ab.

Eine Tatsache ist jedoch von großem Interesse; in England, das heißt im angelsächsischen Teil der Britischen Inseln, hat man noch einen Wert von 65 bis 70 Prozent ermittelt, der in Schottland, in Nordwales, in Irland und noch weiter nördlich in Island auf 70 bis 75 Prozent ansteigt.

Auf den Mittelmeerinseln liegt er bei 75 bis 80 Prozent, auf Kreta bei 70 Prozent, in Sizilien bei 65 Prozent. Die gleiche

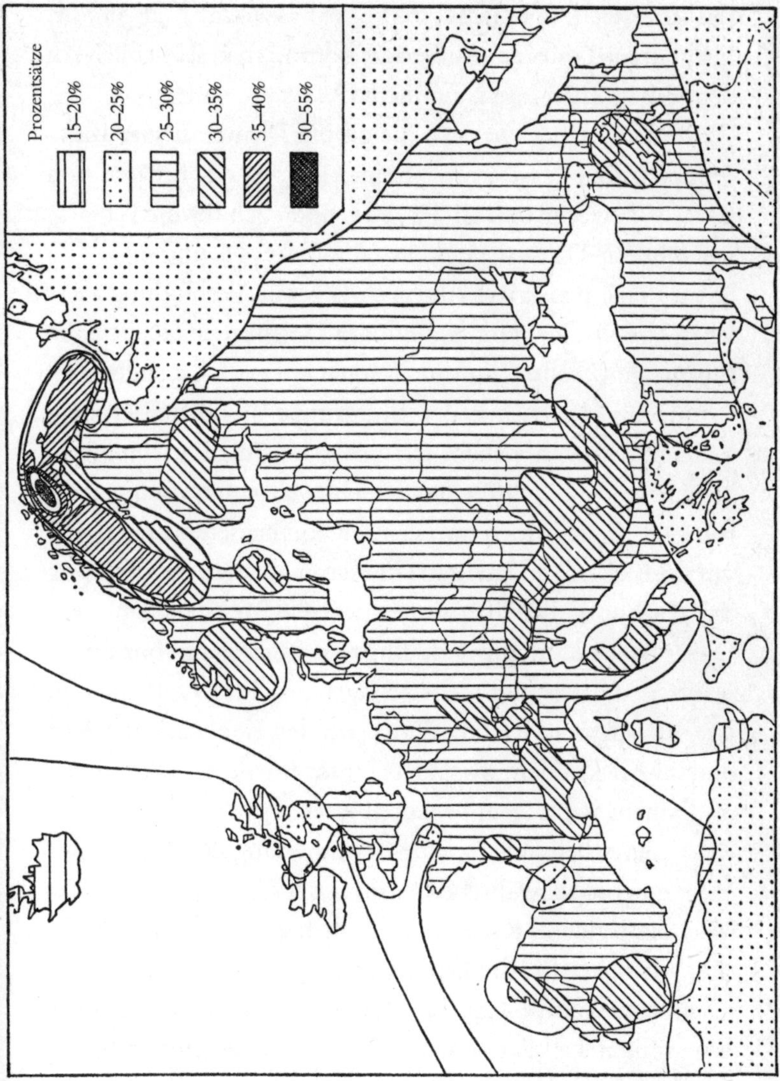

nach Mormant

Verteilung der Blutgruppe A in Europa

Dichte erreicht man in Marokko, vor allem im Atlasgebirge. Ebenfalls in Tunesien. Außerdem kommt man schließlich auf den Kanarischen Inseln auf diesen Wert.

Ganz Westirland, wo man die größte Dichte mit der Blutgruppe 0 findet, ist cromagnoid. Gleiches gilt für den von Berbern bewohnten Teil des Atlas und auch für die Kanarischen Inseln. Da ist sicher kein Zufall im Spiel, und sogar Lahovary sagt aus, daß es eine grundlegende Verbindung zwischen der Blutgruppe A und der Brachyzephalie in ganz Europa gibt. Sollte dann nicht auch ein grundlegender Zusammenhang zwischen der Blutgruppe 0 und den cromagnoiden Rassen bestehen? Ich glaube, daß die Forschungsarbeiten in dieser Richtung noch nicht weit genug vorangetrieben sind. Es ist jedoch immerhin schon bemerkenswert, daß wir im Baskenland eine ganz klar cromagnoide Bevölkerung und ein sehr großes Überwiegen des Gens 0 feststellen müssen. Dieser Bezug kann nicht zufällig sein. Er erscheint mir um so wahrscheinlicher, um nicht zu sagen gesicherter, als wir ihn, wie wir sehen, in Irland, Wales, auf den Kanarischen Inseln und im Atlas finden, wo andere cromagnoide Bevölkerungen mit hohem 0-Blutgruppenanteil leben.

Es ist wahrscheinlich, daß diese Ausbreitung sich entlang der Meeresufer sogar während der Eiszeiten vollzogen hat, als das Meer ein milderes Klima in die kalten Zonen brachte. Gleiches gilt sicher für die benachbarten Abkommen des Menschen von Combe-Capelle, der nach allgemeiner Ansicht den größten Teil der Bewohner des Westens geformt haben soll.

Es ist vielleicht ganz interessant, da es sich um «Mitbewohner» der Abkommen des Cro-Magnon handelt, zu bestim-

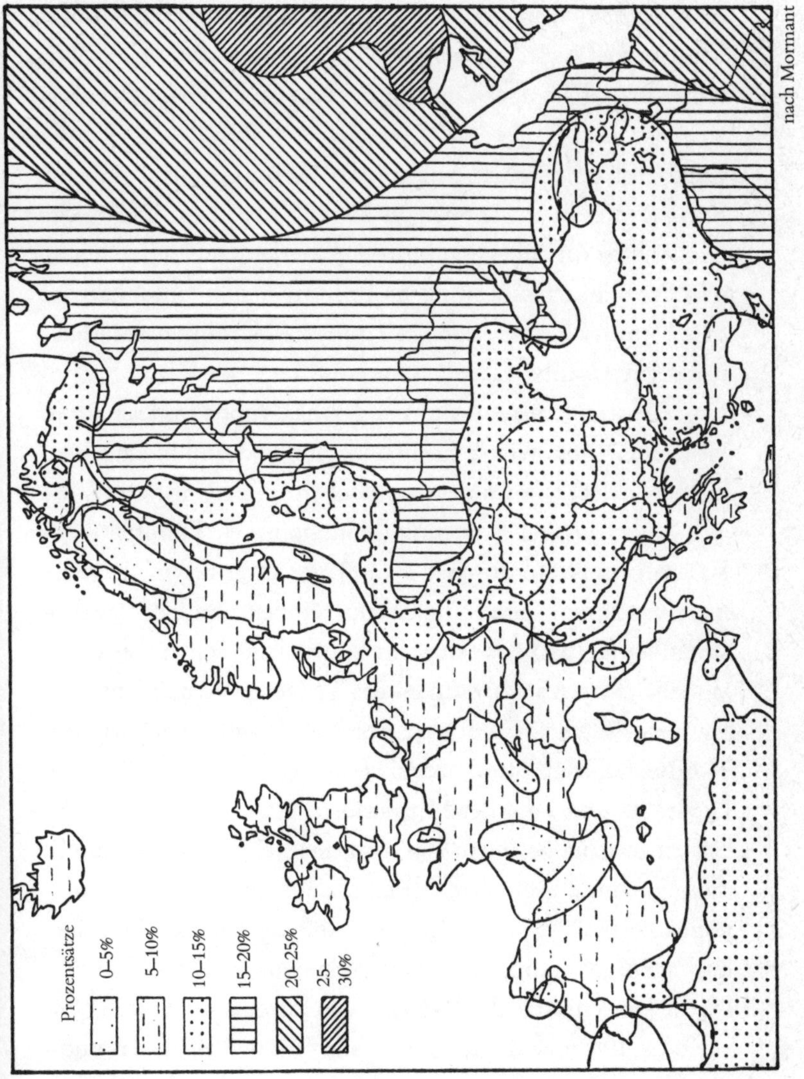

Verteilung der Blutgruppe B in Europa

men, wie im Augenblick die Verteilung der Menschen mit Blutgruppe A ist, die zusammen mit Blut 0 zweifelsohne schon seit sehr langer Zeit die Bevölkerung Europas darstellen.

Ganz grob gesprochen, findet man die Blutgruppe A in ganz Europa mit einem Anteil von 25 bis 30 Prozent. Die größte Dichte liegt im äußersten Norden, wo die Lappen den höchsten Prozentsatz mit 50 bis 55 Prozent stellen (man hatte ja schon immer geahnt, daß die Lappen Abkommen des Menschen von Combe-Capelle sein könnten...).

Die stärksten Konzentrationen der A-Gruppe findet man in Nordnorwegen, weiter südlich in Finnland und in einzelnen kleinen «Flecken» im portugiesischen und spanischen Galizien – die aus der Kelteninvasion stammen könnten –, in Südspanien (westgotischer Rest?), im Poitou, von Katalanien bis zum Oberrheingraben, auf dem Balkan (wahrscheinlich keltische Reste), im ligurischen Teil Italiens und schließlich im Kaukasus in einem Teilgebiet Armeniens.

Die niedrigsten Prozentsätze liegen in Island, in Schottland, Nordwales, Irland und natürlich im Baskenland.

Die Inseln und Ufer des Mittelmeeres außer Ligurien weisen nur einen ganz geringen A-Gruppenanteil auf. Dies schließt die manchmal geäußerte Annahme aus, daß die geheimnisvollen Pelasger Wikinger gewesen sind, die nach der Überlieferung aus dem äußersten Norden kamen...

Da die Prozentsätze der B-Gruppe in Europa von null in Navarra bis 10 Prozent (außer im gadinischen Gebiet, das phönizisch oder punisch sein kann) variieren, kann die Ahnenschaft in Europa praktisch auf zwei Schichten zurückgeführt werden, aus denen die verschiedenen Rassen entstanden sind:

die Menschen von Combe-Capelle und die Cromagnoiden. Asiatische Schichten beginnen erst in Rußland und Preußen deutlich aufzutreten.

Es sei noch angemerkt, daß die Blutgruppe B bei den Indianern Amerikas und den Ureinwohnern Australiens vollkommen fehlt, was an dem Wert einiger kürzlich geäußerter Theorien zweifeln läßt, wonach die Indianer aus Asien kommend nach Amerika gewandert seien...

Die Frage der Blutgruppen ist natürlich sehr viel komplexer, als ich es hier dargestellt habe. Die Aussage bleibt jedoch zumindest für Europa in sich gültig.

Daraus kann man einen ersten Schluß ziehen; da die Basken cromagnoid waren und sich die Schicht ohne Unterbrechung und wesentlichen fremden Beitrag seit dem Cro-Magnon fortgesetzt hat, muß man annehmen, daß es einen direkten Rassenzusammenhang zwischen cromagnoid und der Blutgruppe 0 gibt.

Das läuft darauf hinaus – da wir dieselbe Übereinstimmung auch an anderen Orten finden – daß man im allgemeinen die Ausbreitung dieses Cro-Magnons mit Hilfe der Blutgruppe verfolgen kann.

Diese rassischen basko-cromagnoiden Eigenschaften fand man auch bestätigt, als man um 1937 im Blut einiger Menschen den sogenannten «Rhesusfaktor» entdeckte.

Dieser Faktor ist eine Bluteigenschaft, die sich vom genetischen Standpunkt als äußerst bedeutsam erwies.

Er bekam diesen Namen, weil man die gleiche Eigenschaft im Blut eines kleinen Makkaaffen der Rhesusart fand. In der menschlichen Gemeinschaft gibt es Leute mit und ohne diesen Faktor. Hat ihn jemand, nennt man seinen Besitzer

«Rhesus positiv», hat er ihn nicht, spricht man von «Rhesus negativ».
Seither hat man festgestellt, daß dieser «Rhesus positiv» auf einem Gen beruht, dem ihn charakterisierenden Gen D, das bei der Übertragung den Erbgesetzen Mendels folgt.
Gerade bei dem baskischen Volk bemerkt man das größte Fehlen dieses Gens D oder einfach die größte Häufigkeit von «Rhesus negativ». Auch bei den anderen cromagnoiden Völkern mit der Blutgruppe 0 hat man den größten Anteil des fehlenden Gens D entdeckt: bei den Bewohnern der Kanarischen Inseln und den Berbern.
In Europa ist die Dichte des Gens D umgekehrt proportional zum Gen 0, das heißt, sie nimmt in dem Maße zu, wie man sich vom Baskenland nach Norden und Süden entfernt und von West nach Ost geht, das heißt, wenn man sich vom Atlantik entfernt. Einzige Ausnahme ist Nordrumänien, wo man am Rand des Schwarzen Meeres ebenfalls einen Flecken mit großem Vorkommen der Blutgruppe 0 antrifft.
Von 25 bis 40 Prozent im Baskenland und 20 bis 25 Prozent in Südwestfrankreich fällt der Anteil von «Rhesus negativ» auf 16 bis 20 Prozent im restlichen Europa bis in den Süden der skandinavischen Halbinsel mit Ausnahme jedoch zweier Gebiete in Irland und den Niederlanden, wo der Prozentsatz höher liegt. Bei einigen Stämmen im marokkanischen Atlasgebirge und auf den Kanarischen Inseln kommt man auf 30 bis 40 Prozent.
In Spanien gibt es zwei Gebiete mit wesentlich höherem Anteil von «Rhesus positiv»: Galizien, wo die keltische Invasion stattfand und später die Pilgerzüge, sowie der südiberische Teil bis zum Osten, wo die Mauren starke Spuren hinterlie-

ßen. Sicher ist, daß das Fehlen des Gens D bei einer bestimmten Schicht dazu beigetragen hat, daß die Rasse erhalten blieb. Man weiß nämlich, daß es bei den Besitzern eines «Rhesus negativ» zu einem Phänomen kommt, das die moderne Medizin nur schlecht in den Griff erhält und das zu einem «Abstoßen» des Fötus führt, wenn dieser ein Gen D besitzt. Dies ermöglicht nur unter riesigen Schwierigkeiten eine ausgetragene Schwangerschaft.

Auf diesem Gebiet wird weitergeforscht, und man wird zu neuen Erkenntnissen kommen. Man kann jedoch schon jetzt einige Schlüsse ziehen, die übrigens eindeutig sind und die man weiterentwickeln sollte:

1. Alle Völker mit großer Häufigkeit oder Vorherrschaft des Gens 0 befinden sich am Meer, am häufigsten am Atlantik.
2. Die meisten von ihnen sind Bergvölker oder sind aus Berggegenden gekommen.
3. Es gibt Dolmen praktisch nur in Gebieten, wo Gen 0 mit einem hohen Prozentsatz vorkommt.

7

Der Cro-Magnon in Europa

Ungefähr in der Mitte des Neolithikums bildete sich die baskische Rasse, wie wir sie kennen und wie sie noch heute besteht; sie entstand nicht aus Kreuzungen, sondern durch die Veränderung einer Schicht, die in dieser Ecke der Pyrenäen und der kantabrischen Küste die einzige geblieben zu sein scheint: die Rasse des Cro-Magnon.

Die Basken sind Cro-Magnons, die zu Basken wurden; es ist aber ganz klar, daß nicht alle Cro-Magnons Basken wurden.

Diese Umwandlung ist das Privileg eines sehr begrenzten Gebietes, wo die Menschen jeder Invasion und Aufteilung widerstehen konnten und wollten. Sie blieben ihren Sitten, ihrer «Art zu leben» und ihrer Sprache, kurz ihrer Cro-Magnon-Kultur, treu.

Trotz wechselnder Erfolge und Fehlschläge ist es noch immer der gleiche Kampf, den die Basken heute fortsetzen. Es ist die gleiche Verteidigung ihres Gebietes, ihrer Sitten, ihres «Seins» und ihrer Sprache. Außerdem fühlt man, daß es für viele immer noch eine Art *Pflicht* ist, die von einem Jahrhundert zum nächsten überging, als ob sie das ewige Bestehen eines geheiligten Gebildes garantieren müßten, dessen Sein gesichert und verewigt werden sollte, und zwar noch heute, in einer Zeit, in der man mit der neuen Barbarei unserer modernen Zivilisation fertig werden muß.

Es scheint nämlich so, als hätten von allen Cro-Magnonen Westeuropas nur die Basken ihre Rasse und ihre Erde gegen jeden fremden Zugriff verteidigt. Alle sind Nachfahren der ursprünglichen Schicht geblieben. Es ist möglich, sie noch heute zu finden, sie und ihre ursprünglichen Stätten entweder in den Ortsnamen – man darf nicht vergessen, daß die baskische Sprache Wurzeln im Cro-Magnon hat – oder in der Morphologie und vor allem im Blut, das uns seit Jahren viele Geheimnisse erschließt. Endlich in den Dolmen... Und in der Sprache...

Und zwar in unmittelbarer Nachbarschaft des Baskenlandes. Als die Biskaya nach der Sintflut vollständig mit Ablagerungen angefüllt war, wurde diese neue Erde zur Savanne, wo die zu Haustieren erzogenen Bergherden Winternahrung außerhalb der Berge fanden.

So konnte José-Miguel de Barandiaran für das Ende des Neolithikums Überlebenswege der Pyrenäenherden aufdecken, die mit denen der Cro-Magnons auf den Hügeln an den Rändern der ehemaligen Bucht – heute die Dordogne – zusammentrafen.

Im ganzen Pyrenäengebiet von Bordeaux bis Burgos und von Santander bis Perpignan finden wir baskische Namen, das heißt cromagnoide Namen. Aus dieser Anhäufung von Ortsnamen hat Franc de Ferrière in seiner «Toponymie de la Gaule Aquitaine»[1] eine große Zahl baskischer Namen gesammelt, die eher auf eine echte Besetzung als auf einen vorübergehenden Besuch schließen läßt.

[1] Bulletin de la société archéologique et préhistorique de Blasimon, Mairie de Blasimon.

Aber die baskischen Ortsnamen gehen weit über das Pyrenäengebiet und seine mehr oder weniger breiten Grenzgebiete hinaus. Je weiter man nach Norden geht, um so geringer werden die immer noch bedeutenden Reste, wahrscheinlich infolge keltischen und vor allem germanischen «Ersatzes». Gleiches galt sicher für Spanien vor der arabischen Invasion, die diese Ortsnamen verwässerte. Man findet aber noch oft das Suffix *berri;* dies bedeutet neu, die Orte wurden also nicht umbenannt.

Ich glaube, es war Frank Bourdier, der als erster nicht nur die bloße Existenz baskischer Ortsnamen bemerkte, sondern auch die Häufigkeit ihres Auftretens in Frankreich [1].

Der Einfachheit halber zitiere ich am besten einige Auszüge. «Im Baskischen bedeutet *ur* (*u* in Zusammensetzungen) Wasser oder Gold; im Département Gard hieß die Nymphe der Quelle von Eure zur römischen Zeit *ura* beziehungsweise die von Ourne *Urna*.... Flußnamen, die vom baskischen Namen *ur* für Wasser abgeleitet sind, findet man in Frankreich häufig. Nennen wir nur die Ure, die Hure, die Quelle der Lure. Die Uzure im Département Mayenne – das Lexikon Joanne übersetzt dies mit «zu den schönen Wassern» – ist *Hus-ur:* reines Wasser (*hutz/hus* in Zusammensetzungen). Mit dem Diminutiv *na* oder *nya* haben wir die Ourne (Urnia im Mittelalter) und die Orne, an der Ornes (Département Meuse) und (im Jahr 812) Urna erbaut wurde. *Dun,* Ort des Übermaßes, scheint sich in Oudon wiederzufinden. Dies entspricht *U-dun* (Urande) im Département Aube und ist *Urrandi:* der Fluß.»

[1] Frank Bourdier, a. a. O.

Diesen beeindruckenden Beispielen könnte man noch viele andere Namen hinzufügen, zum Beispiel der Wald von *Othe* (Stechginster, Makkia) und alle die *Alaisias,* die im heutigen Baskenland (sierra de Alaiz usw.) ihre Entsprechung haben und die sich auf der Wurzel *haitz* = Stein, Felsen und *Al* (im Baskischen *Ahal* = Kraft), einer anderen Wurzel gebildet haben, die die Idee der Gottheit beinhaltet. Das Ende auf *a* ist zweifelsohne eine lateinische feminine Beigabe. Ist nicht auch Mende, die Stadt, ein *mendi* (Berg)? Es gibt noch viele andere Wörter, die jedoch im allgemeinen nur ein Baske entdecken kann.

Dies ist vielleicht der Anfang einer Erklärung dieser geheimnisvollen Kultur der Dolmen. Wir müssen nochmals auf die Dolmen zurückkommen. Sie sind zweifelsohne von großer Bedeutung.

Betrachten wir noch einmal die Karten über die Verteilung der Blutgruppe 0 in Europa und vergleichen sie mit der Nielschen Karte über die Verteilung der Dolmen, Megalithen und Menhire, die zu den Magalithen zählen. Dabei können wir nur schwer eine Systematik erkennen. Es gibt überall Dolmen, und man hat sie immer errichtet, sogar noch heute... Beim Vergleich beider Karten ist eine Übereinstimmung augenfällig.

Betrachten wir zunächst einmal Frankreich, wo die Übereinstimmung eklatant ist – in der Ausbuchtung, die der Anspülzone der Garonne in den Landes im ehemaligen Golf entspricht, von der ich schon gesprochen habe.

Gleiches gilt für die Niederlande, wo das «platte Land» erst in neuerer Zeit dem Meer abgerungen wurde (Anspülungen der Maas, der Schelde und des Rheins).

Man findet Dolmen wie die Blutgruppe 0 auf beiden Seiten der Ostsee.

Da in Norwegen und Island keine Dolmen vorkommen, kann man annehmen, daß die Blutgruppe 0 erst nach der Dolmenzeit an die Nordwestküste Norwegens kam. Island wurde von eben diesen Norwegern im 11. Jahrhundert besiedelt.

Irland, England, Schottland und die Hebriden, wo die Megalithen zuhauf vorkommen, weisen die Blutgruppe 0 auf. In einem Teil von Schottland und Wales findet man eine Dichte von 75 bis 80 Prozent, diese liegt damit sogar noch über jener des Baskenlandes.

Außer in Bulgarien, im ehemaligen Thrazien, findet man in Mitteleuropa weder Dolmen noch die Blutgruppe 0. Diese kommt erst wieder in Nordrumänien vor, was einer keltischen Wanderung entsprechen könnte (vgl. dazu die Karte für die Blutgruppe A).

Eine weitere Anhäufung trifft man entlang des Schwarzen Meeres im Nordwesten des Kaukasus, zusammen mit einer statistisch relevanten Dichte der Blutgruppe 0. Blutgruppe 0 und Dolmen findet man weiterhin auf den Mittelmeerinseln Korsika und Sardinien... Das ist zwar schon verwirrend genug, aber noch nicht alles. Man findet die Dolmen nämlich auch noch an der ganzen Mittelmeerküste Afrikas, vor allem in Marokko, das heißt in Berbergebieten, die immer von Cromagnoiden der Blutgruppe 0 trotz der arabischen Invasion, die weniger bedeutsam war, als man im allgemeinen annimmt, besetzt waren.

Nebenstehende Karte: Verteilung der Megalithen in der Alten Welt

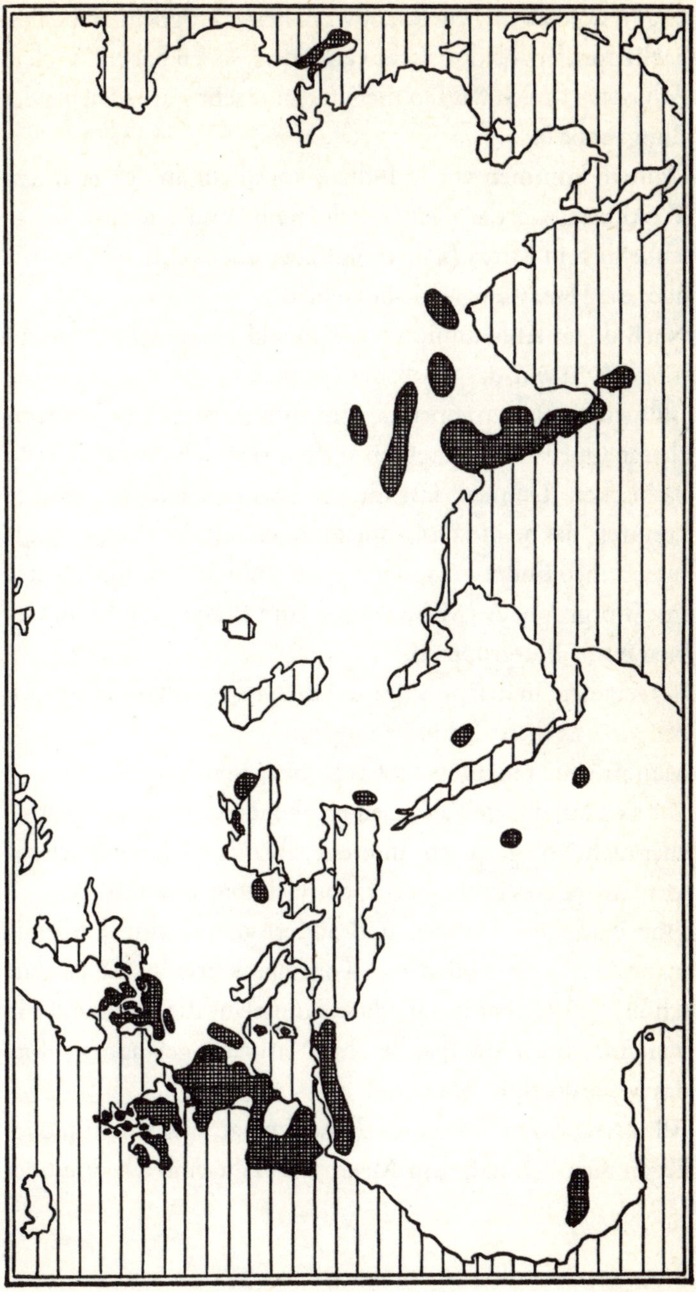

Es gibt sie auch im Senegal, obwohl keine Möglichkeit besteht nachzuprüfen, ob dort Cromagnoide gesessen haben. Auch in Äthiopien finden wir Dolmen und eine sehr starke Dichte der Blutgruppe 0.

Dolmen kommen vor in Indien, vor allem an der gesamten Westküste, wo das Gen 0 nicht fehlt, und auch in Nepal; schließlich in Korea (ich verfüge aber über keinerlei Material über die Hämatologie dieser Gebiete).

Nach dieser Anhäufung von «Koinzidenzen» scheint es unmöglich zu sein, das «Volk der Dolmen» von dieser Rasse mit Blutgruppe 0 zu trennen... Um so weniger, als man aus sicherer Quelle und durch eben diese Tatsache weiß, daß die baskischen Dolmen nur durch Basken errichtet werden konnten, das heißt von Cromagnoiden mit der Blutgruppe 0.

Im übrigen findet man keine Spur von Dolmen in Gebieten mit Blutgruppe A (Mitteleuropa zum Beispiel), noch in Gebieten mit Blutgruppe B.

In Gebieten, in denen es nur diese drei Typen von Blutgruppen gibt, ist dieser Schluß zwingend.

Man möchte hinzufügen: was zu beweisen war.

Die sich aus diesen Tatsachen ergebende Überzeugung ist sicher nicht von geringem Interesse, aber sie wirft natürlich sofort ein anderes Problem auf, das viel komplexer ist.

Eine Rasse, die Dolmen und andere megalithische Monumente auf dem Boden des Kontinents erstellt, ist ja ganz schön... Wie aber hat sie diese Kunst auf die Inseln oder in weitentfernte Erdteile gebracht? Natürlich gelangte sie über das Meer dorthin. Aber wie?

Alle Orte, wo man Dolmen gefunden hat, sind maritim oder liegen ziemlich nahe am Meer. Dies läßt eine Theorie oder wenigstens die Hypothese zu, daß die «Dolmenidee» auf dem Seeweg in andere Gebiete gelangte. Damit würde man aber anerkennen, daß es in jener Zeit Seeleute gegeben hat, obwohl man doch bisher annahm, daß der Mensch nur fähig war, einzelne kleine Fahrten zu unternehmen, oder sich am Ufer aufhielt, wobei er sich entlang der Küste bewegte und angelte. Dennoch muß man sich wohl mit dem Gedanken an diese Hochseeschiffahrt abfinden... oder man behauptet, diese «Dolmenidee» flatterte von West nach Ost durch die Luft und die Menschen haben Dolmen zu ihrem eigenen Vergnügen aufgestellt...

Diese Idee muß außerdem mit der Blutgruppe 0 zusammenhängen. Um aber nach Irland zu gelangen, braucht man ein wenig mehr als Kanus, dies gilt noch mehr, wenn man zu den Hebriden fahren will. Man kann natürlich auf dem Landwege zum Schwarzen Meer und sogar zum Fuß des Kaukasus gelangen. Dann wäre es aber erstaunlich, wenn dieser Weg nicht mit diesen Monumenten gesäumt wäre. Im Falle Indiens könnten die Völker nicht von Kanaan oder Arabien (wo es Dolmen gibt) über Persien und Pakistan gezogen sein, ohne Dolmenspuren zu hinterlassen...

Und sie sind da, diese Dolmen, die man nicht übersehen kann. Ihre Erbauer mußten also auf die Inseln und an ferne Gestade reisen, und zwar über das Meer...

Also? Also muß man auch in diesem Punkt die Vorstellung ändern, die man im allgemeinen vom neolithischen Menschen hat... Man muß zugestehen, daß die Menschen des Westens schon vor den Kretern und Phöniziern zur See fuhren, obwohl jene doch im allgemeinen als die ersten Seeleute der Welt angesehen werden.

Die Bibel und das Gilgamesch-Epos berichten uns jedoch von der Seefahrt schon vor der Sintflut – ebenso die südamerikanischen Legenden. Bringt man also aufgrund der Dolmen die Cromagnoiden in Zusammenhang mit der Seefahrt, so muß dies ebenfalls für die Basken gelten.

Es gibt gewiß eine maritime Tradition bei den Basken. Darf man daher den Schluß ziehen, daß diese Tradition vor der Geschichte anzusiedeln ist?

Die Frage kann zwar diskutiert werden, da bisher jede verwertbare Unterlage fehlte, ist es jedoch schwierig, Schlußfolgerungen zu ziehen, die beweiskräftig sind.

Zunächst einmal ist es bemerkenswert, daß die baskische Sprache für Schiffe und zahlreiche damit zusammenhängende Dinge Wörter besitzt, die spezifisch baskisch sind. Als erste Hypothese darf man mit größtem Vorbehalt schließen, daß diese Wörter kaum einer anderen fremden Seemannssprache entliehen sind. Es wären bildliche Wörter gewesen.

Das Schiff ist *untzi*. Dasselbe Wort gilt für jede Art von Gefäß. Dieses Wort bezeichnet auch die Arche. Man denke aber an den gravierenden Unterschied, auf einem Bach oder

89 Kraftvoll, behende und stolz: der Baske.

90/91 Das baskische Pony «Potiok» (rechts oben) ist genau das gleiche – heute allerdings als Haustier –, das die Menschen des Magdalénien auf die Wände der Grotte von Ekain zeichneten (links oben), von Lascaux (links unten) und von Altamira (rechts unten); nach einer Erhebung des Abts Breuil.

92 Oben: Widmung in einer baskischen Behausung des 15. oder 16. Jahrhunderts, deren Bedeutung nie ermittelt werden konnte (Museum San Telmo, San Sebastian). Unten: Die Dolmen von Aguilaz, Provinz Alava, spanisches Baskenland.

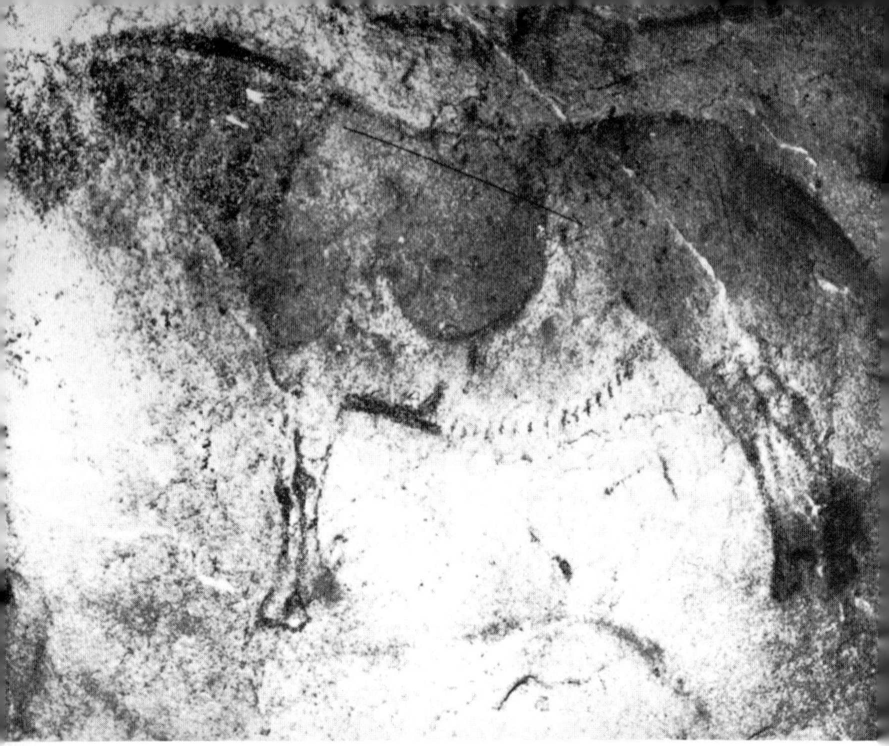

einem See zu navigieren und auf das offene Meer hinauszufahren. Das Schiff für Süßwasser ist *uruntzi* (*ur* für Wasser und *untzi*), aber das seegängige Schiff heißt *itsasuntzi* (*itsas* = Meer). Es handelt sich also nicht um dasselbe Modell.

Die Schiffahrt ist *ibilze* (*ibili-itze* = gehen, Meer). Der Seemann ist der *ibile, itsasibile* bedeutet auf dem Meer fahren.

Die Seeleute, die die Basken an ihren Küsten haben kennenlernen können, zum Beispiel die Phönizier, Karthager oder Römer, scheinen keine mit ihrer Sprache verwandten Wörter gehabt zu haben. Die anderen Begriffe, die ich gefunden habe, scheinen weniger aufschlußreich zu sein, obwohl einige rein ländlichen Ursprungs sind, zum Beispiel das Ruder: *arraba* oder *arrau:* der Mast. *Haga* ist eine Stange; die Ruderspinne *endaitz* ist zugleich die Deichsel eines Pfluges; die Brücke *untzi-bizcar* war auch der Dachfirst.

Aber die Forschung erstreckt sich nicht nur auf die baskische Sprache. Auch die Dolmen sind baskisch. Jene an anderen Orten stehen in Verbindung mit den Cromagnoiden, von denen die Basken nur ein Zweig sind.

Im allgemeinen ist man jedoch der Ansicht, daß die ältesten Monumente dieser Art in Portugal stehen. Wenn man daran denkt, daß Portugal von den sogenannten «Ligurern» überrannt wurde, die ihm wahrscheinlich den Namen Lusitanien gegeben haben, so gab es doch in Südportugal gegenüber von Cadiz die älteste Seestadt der Welt: Tartessos, das Tarschisch der Bibel, mit der Salomon Handel betrieb...

In «Les Jacques et le mystère de Compostelle»[1] habe ich geschrieben: «Es scheint, als habe die Stadt Tartessos auf einer

[1] Editions Robert Laffont.

Halbinsel zwischen dem Ligustischen See im Norden, dem Atlantik im Westen und einer Bucht gelegen, die seither vom Guadalete im Süden verschüttet wurde. Es könnte sein, daß ihr Name baskisch ist und ‹zwischen zwei Meeren› bedeutet: *tarte-xili.*» Seither hat mich der Mönch Pierre Laffite darauf aufmerksam gemacht, daß ein Baske niemals das Wort *tarte* = zwischen als Präfix gebraucht... Dennoch scheint mir die Etymologie schlüssig, denn es handelt sich nicht um die baskische Sprache, sondern um ihren neolithischen Vorläufer, wovon noch viele Wurzeln vorhanden sind, wahrscheinlich aber nicht die Art, sie zusammenzusetzen.

Es ist im übrigen möglich, daß zahlreiche Cromagnoide an der gesamten Westküste der Iberischen Halbinsel saßen, wo auch die Dolmen häufig auftreten und wo man gerade im Süden noch eine sehr große Dichte der Blutgruppe 0 antrifft (65 bis 70 Prozent).

Man gibt also zu, daß die portugiesischen Dolmen die ältesten sind. Auf der anderen Seite weiß man, daß die Bewohner von Tartessos den Atlantik befuhren. Daher setzt sich bei den Prähistorikern immer mehr die Idee durch, daß sie die «Erfinder» der Bronze waren, ehe diese viel später im Orient auftauchte.

Erst später scheinen sie von einem Volk überrannt worden zu sein, das die Alten «ligurisch» nannten. Es handelt sich um einen Namen, der eine Reihe von Völkern, wenn nicht ganze Völkerschaften, und zwar sehr verschiedenartige, umfaßte. Diese «Ligurer» findet man ganz in der Nähe von Tartessos als Namen für einen der Seen wieder, die in diesem Gebiet liegen, der Ligustische See, heute ein Meer, das von den Anspülungen des Guadalquivir geschaffen wurde.

Ich zögere jedoch nicht, in diesen Tartessern die Verantwortlichen für die Petroglyphen zu sehen. Sie werden in der Schrift von Alvao, das in der Nähe von Glozel in Galizien liegt, wo die baskischen Ortsnamen nicht gerade selten sind, häufig erwähnt. Dort findet man auch ein prähistorisches Labyrinth wie im englischen Cornwall.

Man darf also annehmen, daß die Tartesser, die seit der Sintflut die erste Flotte der Welt besaßen, auch ein «Volk der Dolmen» waren (es gibt sie immer noch in diesem Gebiet) und die britischen Inseln und Irland kennenlernten. Sie könnten es gewesen sein, die England den Namen Alebion gegeben haben (ebenfalls ein alter Name eines galizischen Stammes). Insel heißt immer noch *Irla* im Baskischen und die ganze Westküste der Irischen Insel ist von Cromagnoiden der Blutgruppe 0 bevölkert.

Es wäre erstaunlich, wenn die alten Basken nicht an diesen Seefahrten des Neolithikums beteiligt gewesen wären. Eine sehr langlebige Legende aus Irland behauptet, daß die ersten Druiden, die auf diese Insel kamen, von der baskischen Küste gekommen seien. Vielleicht stammen aus dieser neolithischen Zeit auch die maritimen baskischen Traditionen, deren Ursprung sich im Dunkel der Zeit verliert. Es sind völlig eigenständige maritime Traditionen.

Man weiß nicht, wann die Basken mit der Seefahrt begonnen haben – ich meine damit die Weltmeere –, aber die Zeit liegt sicher sehr weit zurück; denn wenn der Osten den Namen der Sonne trägt, so trägt der Westen den Namen des Meeres *itsasalde* = Gebiet des Meeres. Für das Baskenland, wie wir es heute kennen und wie es schon vor Rom bestanden hat, war das Gebiet des Meeres aber der Norden und nicht der Westen. Das Wort kommt also aus einer Zeit, als die Westküste der Iberischen Halbinsel – Portugal – von jenen besetzt war, die die Sprache «machten», das heißt in der Zeit von Tartessos. Zur Zeit der Dolmen.

Im Laufe des 2. Jahrtausends vor Christus hatten die Phönizier eine ihrer Handelsniederlassungen auf dem Felsen von Cadiz eingerichtet, der zweifelsohne eine Insel war. Jene Phönizier, die immer auf der Suche nach Gold und anderen Metallen für ihre Bronze waren, zum Beispiel Zinn und Kupfer. Man weiß heute, daß sie bei dieser Suche bis zum galizischen Finisterre, in die Bretagne und auf die Kassiteriden an der äußersten Spitze des britischen Cornwalls kamen. Wie hätten aber jene Leute aus dem Nahen Osten die Lagerstätten und den Ort kennen sollen, wo man es sich beschaffen konnte, wenn ihnen nicht die Eingeborenen gesagt hätten, wo diese Vorkommen lagern und wie man sie verwenden konnte?

Die Kassiteriden zu finden, wenn man nicht einmal von ihrer Existenz weiß, und dann auch noch herauszufinden, daß auf diesen Inseln das kostbare Zinn lagert, scheint mir selbst über die Kräfte der Phönizier zu gehen, die doch für ihre Schlauheit geradezu bekannt sind.

Um sie zu informieren, was hinter der Meerenge von Gibraltar lag, mußte es Seeleute geben, die das Vorkommen auf diesen Inseln kannten, die also schon einmal dort waren und die außerdem die dort lebenden Menschen kannten... Und die dann auch noch wußten, wozu Zinn diente.

Und diese Eingeborenen stammten von der Familie Cro-Magnon. Man sieht also, da diese Familie sich über die Meere ausbreitete, daß es bei ihr notwendigerweise eine Flotte und Seeleute gegeben haben muß.

Eine Flotte und Seeleute waren in neolithischer Zeit an den Atlantikküsten ebenso notwendig wie im Mittelmeer oder im Indischen Ozean... Auch für den Pazifik gilt dies, wenn man an die Dolmen von Madagaskar denkt, die man jedoch für viel jünger hält.

Wenn also einige Stämme dieser Cromagnonschicht eine Flotte und Seeleute hatten, wäre es erstaunlich, wenn dies nicht auch für alle anderen Stämme zuträfe, die mit an Sicherheit grenzender Wahrscheinlichkeit mit ihnen in Kontakt waren. Diese Verbindung wird durch das Vorhandensein der Dolmen deutlich.

Die Menschen der Cromagnonschicht, die einer Schicht mit gemeinsamer oder zumindest verwandter Sprache und mit im Ursprung gleichen Dialekten angehörten, waren über die Erde verstreut. Diese Versprengung konnte man, wenn auch nur in Andeutungen, an Hand der gemeinsamen Wurzeln der Dialekte und durch die Anthropologie verfolgen. Man kann sie jedoch eindeutiger durch die Blutgruppenuntersuchung bestimmen.

Man kann also annehmen – wie sollte man es nicht annehmen? –, daß die Beziehungen zwischen den verschiedenen Gruppen ein und derselben Schicht sehr lange angedauert haben, sei es auf dem Landwege entlang der Atlantikküste, sei es auf dem Seeweg für die Inseln im Atlantik und im Mittelmeer.

Die Erforschung der Dolmen und ihrer grundlegenden Übereinstimmung in den verschiedenen Teilen der Welt macht diese Beziehungen nicht nur sehr wahrscheinlich, sondern zur Gewißheit. Diese Beziehungen waren nicht nur völkisch, wie man es an der Keramik oder der Behandlung von

Metallen sehen kann, sondern sie betreffen auch religiöse Auffassungen oder, wenn man will, philosophische Ansichten. Der Zusammenhang war also nicht rein zufällig, sondern irgendwie elitär.

Man darf die Basken also nicht von dieser maritimen Tradition, zumindest im Neolithikum, trennen.

Es wäre eine Sache für Spezialisten, herauszufinden, ob man den Namen «cinagot», diese «Spitze» im Atlantik, mit der Cäsar einige Mühe in der Seeschlacht in der Bucht von Morbihan hatte, mit der baskischen Wurzel *Xhinga* (Chinga ausgesprochen) in Verbindung bringen kann, was ein Fischernetz mit engen Maschen bedeutet, dem man das Suffix *go* anhängen konnte, um die Tätigkeit auszudrücken. Die portugiesischen Fischer gebrauchen immer noch eine Art Boot, das diesem ein wenig ähnelt.

Die baskischen Seeleute erscheinen zwar erst sehr spät in der Geschichte, aber die Römer haben sie schlecht gekannt. Vorher haben die Kelten, die keine Schriften hinterließen, wie auch die Westgoten sie umgangen. Die Franken haben sie nur als Widerständler in den Bergen kennengelernt – und haben sich an ihnen die Zähne ausgebissen. Sie treten spät auf, erst im 12. Jahrhundert, aber mit welchem Getöse! Sie veranstalten eine Jagd auf See, die nichts für Leute ist, die «vollkommen amaritim» sind: Die Verfolgung der Wale der Art biscayentis, die damals die Biskaya heimsuchten..., und die Biskaya ist niemals ein See für Süßwasserseeleute gewesen...

Als die Biskayawale seltener wurden, machten sich die Basken auf die Suche nach den nordischen Walen. Mitte des 14. Jahrhunderts ließen sie sich auf Neufundland nieder und «jagten» bis hinauf nach Island und in den weiten Gewässern

Grönlands. Die Basken kamen viel früher als die Franzosen nach Kanada.

Es stimmt, daß die Norweger mehrere Male, zumindest im 11. Jahrhundert, dorthin gefahren sind und daß sie im 12. Jahrhundert Island besiedelt haben... Es ist aber nicht ohne Interesse, zu erfahren, daß diese Wikinger von der Westküste Norwegens kamen, wo es immer noch eine große Dichte der Blutgruppe 0 gibt, ferner daß Island von Cromagnoiden besiedelt wurde und daß der Prozentsatz der Blutgruppe 0 sehr hoch ist. Die Beziehungen zwischen den Skandinaviern und Basken, von deren Existenz man weiß, bekommen ein wenig den Anstrich von Familienbeziehungen. Praktisch waren die Basken die großen Besetzer von Neufundland zur Zeit des Fischfangs. Sie hatten dort ihr gesamtes Material gelagert, das für die Verarbeitung der Wale erforderlich war. Die heutigen oder auch älteren Ortsnamen zeugen noch von ihrer Anwesenheit: «Port-aux-Basques, Cap-de-Grat (*gratta* = Ort für Fischfang), *Peritonca* (kleine Gänse), *Caruze* (Roter Hut), *Ophorportu* (Milchkanne), *Urrunson* oder *Ourronquonse* (Urrugne), *Olycilho* (Fliegenloch), *Aguachar* oder *Igorrachoix*, das Cap de Raze (*arraico* = Anlegestelle)...»[1]

Weitere Spuren ihrer Anwesenheit fand man in Kanada, wo Montreal *Hotchelaga* gewesen wäre. Man hat sogar den Namen des Originals beibehalten: der Elen Kanadas abgeleitet vom baskischen *Orein* = Hirsch.

Fuhren sie nur nach Nordamerika? Als sie einmal vom Bas-

[1] Nach Léon Boussard: L'Irrintzina ou le destin des Basques. Editions Robert Laffont.

kenland aufgebrochen waren, um den Wal und später den Kabeljau bis in diese weiten Gebiete des nördlichen Ozeans zu verfolgen, wäre es durchaus möglich, nachdem sie einmal den Fuß auf diesen Kontinent gesetzt hatten, daß sie den Küsten in den Süden gefolgt sind (denn sie wußten, wie man Schiffe führt und sich auf dem Ozean zurechtfindet).

Es sei daran erinnert, daß Kolumbus eine Reihe baskischer Seeleute an Bord seiner Karavellen hatte, Seeleute und vor allem Lotsen. Jean de Biscaye war natürlich ein Baske, und es scheint, daß die beiden Brüder Pinzon – die großen Seeleute dieser Expedition – ebenfalls baskischen Ursprungs waren.

Kolumbus hat sich vielleicht viele Informationen beschafft und vielleicht auch viele Karten betrachtet, aber eine Sache konnten alle Karten der damaligen Zeit ihm nicht sagen: den Weg der Winde, der Passate. Es war damals sicher mit diesen Schiffen, den Karavellen, da sie kaum am Wind fuhren, nicht einfach, den Atlantik zu überqueren... Es sei denn auf den Straßen der Passate, die allein ein Durchkommen zuließen.

Diese Winde mußte man jedoch kennen. Die Bewohner der Kanarischen Inseln, die nicht zur See fuhren, konnten ihm kaum davon berichten. Nur Leute, die die Winde schon ausgenutzt hatten, konnten sie ihm zeigen. Kolumbus mit seinen baskischen Lotsen fährt aber direkt zu den Kanarischen Inseln, die kurz vorher erobert wurden. Er fährt in der Gewißheit dorthin, die Winde zu finden. Wer sollte es ihm gesagt haben, wenn nicht seine baskischen Lotsen?

Als seine Mannschaften, die genug davon haben, nichts zu finden, die Reise abbrechen wollen und als er selbst auch in Zweifel gerät, ist es einer dieser Lotsen, der die Fahne der Expedition hochhält, damit man weiterfährt. Er will weitermachen, da er *weiß*, da er die Passatwinde kennt. Er ist vielleicht noch nicht selbst gefahren, aber er muß von anderen baskischen Seeleuten die notwendigen nautischen Informationen erhalten haben. Denn andere, vielleicht viel mehr, als man es sich vorstellt, haben die Atlantiküberquerung schon hinter sich gebracht. Wie es wahrscheinlich die Templer taten, die Seeleute aus aller Herren Ländern anheuerten; die Templer fuhren von La Rochelle ab... Von La Rochelle fuhr auch Jean de Béthencourt ab, um die Kanarischen Inseln zu erobern. Jean de Béthencourt, der die baskische Küste vor Sevilla berührte.

8

Die Guanchen

Jean de Béthencourt, Seemann und Baron de Saint-Martin-le-Gaillard, wohnte im Herrenhaus von Grainville-la-Teinturière-en-Caux in der Grafschaft Eu. Er hatte sich 1402 angeekelt vom Hof des Königs von Frankreich zurückgezogen und schlug zu nicht mehr bekannten Bedingungen, die aber wahrscheinlich von Robert de Bracquemont, seinem Onkel, der am spanischen Hof lebte, vermittelt wurden, dem spanischen König Heinrich III. vor, die Kanarischen Inseln zu erobern.

Nachdem der König den Vorschlag angenommen hatte, verließ Jean de Béthencourt das Pays de Caux. An Bord waren neben seiner normannischen Mannschaft der Franziskaner Pierre Bontier und sein Kaplan Jean Le Verrier, durch die uns von dieser Eroberung berichtet wurde. Man kann sich vorstellen, daß Jean de Béthencourt sich auf seinem normannischen Herrensitz langweilte und daß ihn das Seeabenteuer verlockte... Der Hof Frankreichs stieß ihn ab, was zu Zeiten Karls VI. des Verrückten und Isabellas von Bayern nicht erstaunlich war. In den Dienst des Königs von England wollte er sich zweifellos aus anderen Gründen nicht begeben, da dieser im übrigen in Frankreich andere Dinge zu erledigen trachtete...

Die Expedition scheint jedoch nicht das Abenteuer eines Müßiggängers gewesen zu sein, sondern ein wohlüberlegter Er-

oberungszug entsprechend den Informationen, die Béthencourt besaß. Davon ist uns jedoch nichts überliefert.
Es war keine Entdeckungsreise. Die alten Phönizier und zweifelsohne die Kreter hatten die Kanarischen Inseln schon ein Jahrtausend vor Christus besucht. Sie nannten sie *Alizut*, und man betrachtete sie als glücklichen Aufenthaltsort (man nannte sie auch «die glücklichen Inseln»). Diesen Namen verdanken sie sicher dem Elysium, denn die Toten wohnten traditionsgemäß auf den Inseln im Meer der untergehenden Sonne. Man verdankt ihnen auch den Namen der Passatwinde (azilés), die zu bestimmten Jahreszeiten von den Kanarischen Inseln nach Amerika wehen.
Wir wissen sicher, daß die Phönizier und Kreter diese Inseln kannten, denn die in Alphabetform geschriebenen Petroglyphen auf den Kanarischen Inseln zeigen viele Buchstaben des kretischen Alphabets. Auch die Karthager lernten sie später kennen, sei es auch nur zur Zeit der Rundreisen Hannos, der sich ihnen gezwungenermaßen nähern mußte, als er nach Senegal unterwegs war.
In späterer Zeit war es ein Araber oder noch wahrscheinlicher ein Berber, der 999 vor der Küste Gandos an der Spitze von 130 Mann absegelte. Der *Guanarteme* (König) Guanarica de Galdar empfing ihn zusammen mit seinen *Guayres* (Adligen), und der Schriftsteller Ben Farroukh berichtet, die Bewohner der Kanarischen Inseln seien die zivilisiertesten Menschen, die er jemals kennengelernt habe.
1170 spricht der Geschichtsschreiber Xerif el Edrissi von arabischen Entdeckungsreisen, die ausgehend von Lissabon auf die Kanarischen Inseln führten. 1291 werden sie von zwei Genueser Galeeren besucht. 1341 landeten die Portugiesen aus

Lissabon auf den Kanarischen Inseln. Sie fanden praktisch nackte Eingeborene (die tropische Zone ist nicht weit entfernt). Sie fanden an einigen Stellen bebautes Land, Gärten und Palmenhaine. Sie fanden, daß der Weizen viel besser wuchs als der europäische.

1344 machte Papst Clemens VI. im öffentlichen Konsistorium die Kanarischen Inseln zum Königreich und erklärte Luis von Spanien zum Lehnsherren des Heiligen Stuhls. Dafür zahlte dieser einen Tribut von vierhundert Goldflorins. Die Bulle blieb praktisch leeres Papier. 1360 landeten jedoch zwei Galeeren mit fünf Franziskanern aus Mallorca in Gando. Die Bewohner konnten deren Ansprüche schon sehr bald nicht mehr ertragen und stürzten die fünf Ordensbrüder vom Felsen von Jinamar. Das war eine Strafe, die man Verrätern vorbehalten hatte.

1377 strandete der Kapitän Ruiz de Avendano aus der Biskaya an der Küste von Lanzarote und lebte in wunderbarer Harmonie mit den Einwohnern. Von 1392 bis 1399 landeten Kauffahrer aus Andalusien, der Biskaya und Guipuzcoa in Lanzarote. Sie hatten Teneriffa umgangen, weil der Vulkan Teide ausgebrochen war. Man lernte die Inseln und ihre Einwohner jedoch erst nach der Eroberung von 1402 richtig kennen.

1402 liegt die Rückeroberung Spaniens von den Mauren noch in weiter Ferne. Es dauert noch achtzig Jahre, bis Granada fällt. Dies verführt vielleicht Jean de Béthencourt. Die spanischen Könige sind zu sehr mit dieser Rückeroberung beschäftigt. Somit haben die Mitglieder ferner Expeditionen eine viel größere Bewegungsfreiheit...

Es sei jedoch daran erinnert, daß es ohne die Kanarischen Inseln wahrscheinlich keinen Christoph Kolumbus gegeben hätte...

Die erste Zwischenlandung machte de Béthencourt in La Rochelle. Diese Zwischenlandung ist erstaunlich, denn La Rochelle ist der Hafen, der von den Tempelherren gegründet wurde. Nach der von Jean de la Varende berichteten Legende in «Les Gentilshommes» war es dieser Hafen, von dem die Templerexpeditionen ausgingen und wohin sie wieder zurückkehrten, nachdem sie in Mexiko nach Silber gesucht hatten, das der Orden im Übermaß besaß... Und die Passatwinde liefen von den Kanarischen Inseln direkt auf den Golf von Mexiko zu – die Bombardroute.

Als Jean de Béthencourt von La Rochelle abfuhr, wo er mit seinem zweiten Mann, Gadifer de la Salle, zusammentraf, der eine weitere Mannschaft mitbrachte, landete er darauf in Biskaya, wo er wahrscheinlich baskische Seeleute anheuerte. Dann segelte er nach Sevilla, von wo aus er endgültig starten will.

Über die Zusammensetzung seiner Mannschaften ist nur sehr wenig bekannt. Es müssen sich jedoch viele Normannen darunter befunden haben. Man weiß aber, daß er einen Teil entließ und sie vielleicht durch Basken ersetzte. Er heuerte auch zwei Gefangene der Kanarischen Inseln an, die offensichtlich der Biskayer Ruiz de Avendano oder jemand anders mitgebracht haben muß, der 1393 als spanischer Ritter eine Expedition leitete und von dem wir nur den Spitznamen kennen: Almonaster.

Nachdem er von Sevilla aufgebrochen war, fuhr er direkt nach Lanzarote. Er gab der Insel den Namen «Lancelots», Lanzarote ist nur die spanische Übersetzung. Wir wissen durch seine Kapläne, daß er dort «von einer riesigen Menge Inselbewohnern empfangen wurde, die ihn mit Zeichen der Ehrerbietung und größtem Respekt begrüßten. Sie baten um seinen Schutz gegen Piraten und boten ihm als Entschädigung ihre Freundschaft an. Sie unterwarfen sich ihm als Freund und nicht als Herrscher.»

Die Kapläne von de Béthencourt waren über den Empfang durch die Einwohner außerordentlich erstaunt. Die Menschen waren nach ihrer Beschreibung fast Riesen (für die damalige Zeit), da sie im Durchschnitt 1,75 bis 2,00 Meter maßen. Sie fügen noch hinzu: «Die Menschen von Fuerteventura sind die größten, die uns bekannt sind (durchschnittlich 1,84 Meter).»

Die Kapläne versichern sogar, daß es in Fuerteventura (Forte aventure – das große Abenteuer von Béthencourt) einen Mann von riesiger Gestalt gab, der ein Dorf verteidigte, das die Männer der Expedition angriffen. Seine Größe wird mit neun Fuß angegeben, was ungefähr 2,70 Metern entspricht. De Béthencourt soll befohlen haben, ihn möglichst nicht zu töten, «da er ihn lebend fangen wollte». Sie konnten aber nicht umhin, es doch zu tun, da er so stark war, daß er sie selbst gefangen oder getötet hätte...

Viele Mitglieder der Mannschaften de Béthencourts entdeckten, daß es eine ständig brodelnde Vulkanlandschaft auf der einen oder anderen Insel gab. Sie entdeckten auch eine außerordentliche Menschenrasse, die mutig und sehr intelligent war. Und genau diese Rasse soll unser Interesse wecken: die Guanchen.

Den Namen Guanchen gab man den Ureinwohnern der Kanarischen Inseln. Der Begriff bezeichnete anfangs die Einwohner der vier westlichen Inseln Teneriffa, La Gomera, Las Palmas und Hierro. Die Bezeichnung Kanarier war damals für die Bewohner der drei östlichen Inseln reserviert: Gran Canaria, Fuerteventura und Lanzarote. Das sind neue Begriffe, die sich erst seit der Eroberung eingebürgert haben. Guanche war das Wort, das die Menschen von Teneriffa bezeichnete und das einfach «Menschen» zu bedeuten scheint (*gizon* im Baskischen). Das Wort Kanarisch, das man den Inseln verlieh, könnte das Übermaß an Schilfrohr bezeichnen, das dort wuchs... Man hat auch von Hunden (*canis* im Lateinischen) gesprochen, von denen es dort eine eigene Rasse gab – aber im Baskischen scheint *guan herri* einfach das Land der Guanchen zu bedeuten.

Man hat etwas voreilig erzählt, die Spanier hätten die Guanchenrasse ausgerottet. Dies ist jedoch völlig falsch. Es gab natürlich Schlachten, aber die Guanchen hielten eisern vor allem in den Bergen stand – und dort gibt es vor allem Berge. So hat es nur Tote und Blutbäder gegeben wie in allen Kriegen... Dies alles ist aber nicht mit den Indianermorden der Angelsachsen zu vergleichen, als diese Amerikaner wurden. Und die Guanchenrasse gibt es immer noch.

Die ersten Eroberer – und die, die nach ihnen kamen – waren insbesondere von der Schönheit der Frauen verzaubert, die bis heute noch ihresgleichen sucht... Diese muß gerade für Badegäste an den Stränden deprimierend sein, für die Vorläufer einer germanischen Kolonisation, die ihren Lauf nimmt...

Es scheint, daß die Guanchenrasse vor allem in Teneriffa und auf den westlichen Inseln vorherrschte, aber auch auf den anderen Inseln gab es sie. Sie dominierten, waren aber nicht die einzigen zur Zeit der Eroberung. Es gab eine andere, wesentlich kleinere Rasse, die ein Ethnologe des vergangenen Jahrhunderts für semitisch hielt. Nach letzten wissenschaftlichen Untersuchungen handelt es sich um Mittelmeerbewohner. Semiten waren dort äußerst selten.

Diese Untersuchungen konnten dank der reichhaltigen Funde von Skeletten unternommen werden, die man in den Höhlen und Gräbern fand, die aus der Zeit vor der Eroberung stammen. Die Untersuchung dieser Skelette brachte Prähistoriker und Mediziner zu dem Schluß, daß der mediterrane Einfluß aus jüngster Zeit stammt und daß man sich über das Alter der Guanchen zwar streiten könne, daß es aber ungefähr am Ende des 3. Jahrtausends vor Christus anzusetzen ist.

Wenn die morphologischen Untersuchungen ziemlich schlüssig sind (man hat meines Wissens mehr als 2000 Skelette mit ihren Schädeln gefunden, die in den Museen der Inseln vor allem auf Gran Canaria gesammelt, katalogisiert und konserviert wurden), so sind die Versuche einer Datierung des Auftretens der Guanchen auf den Kanarischen Inseln mit sehr viel mehr Vorsicht zu genießen. Man hat sich vor allem auf das «prähistorische» Aussehen der Bewohner zur Zeit der

109 Oben: Einzelne Hand in der Grotte von Pech-Merle in Cabaret. Unten: Gezeichnete Pferde, gehauene Ziege und Hände nach einer Erhebung des Abts Breuil, Grotte von Altamira (Photo Yan-Dieuzaide, Musée de l'homme).

110/111 Pferdegruppe, mit Händen geschmückt, in der Grotte von Pech-Merle in Cabaret.

112 Oben: Kleiner, von einem Pfeil getroffener Steinbock, Grotte von Niaux, Arriège. Unten: Sein Nachfahre im heutigen Baskenland.

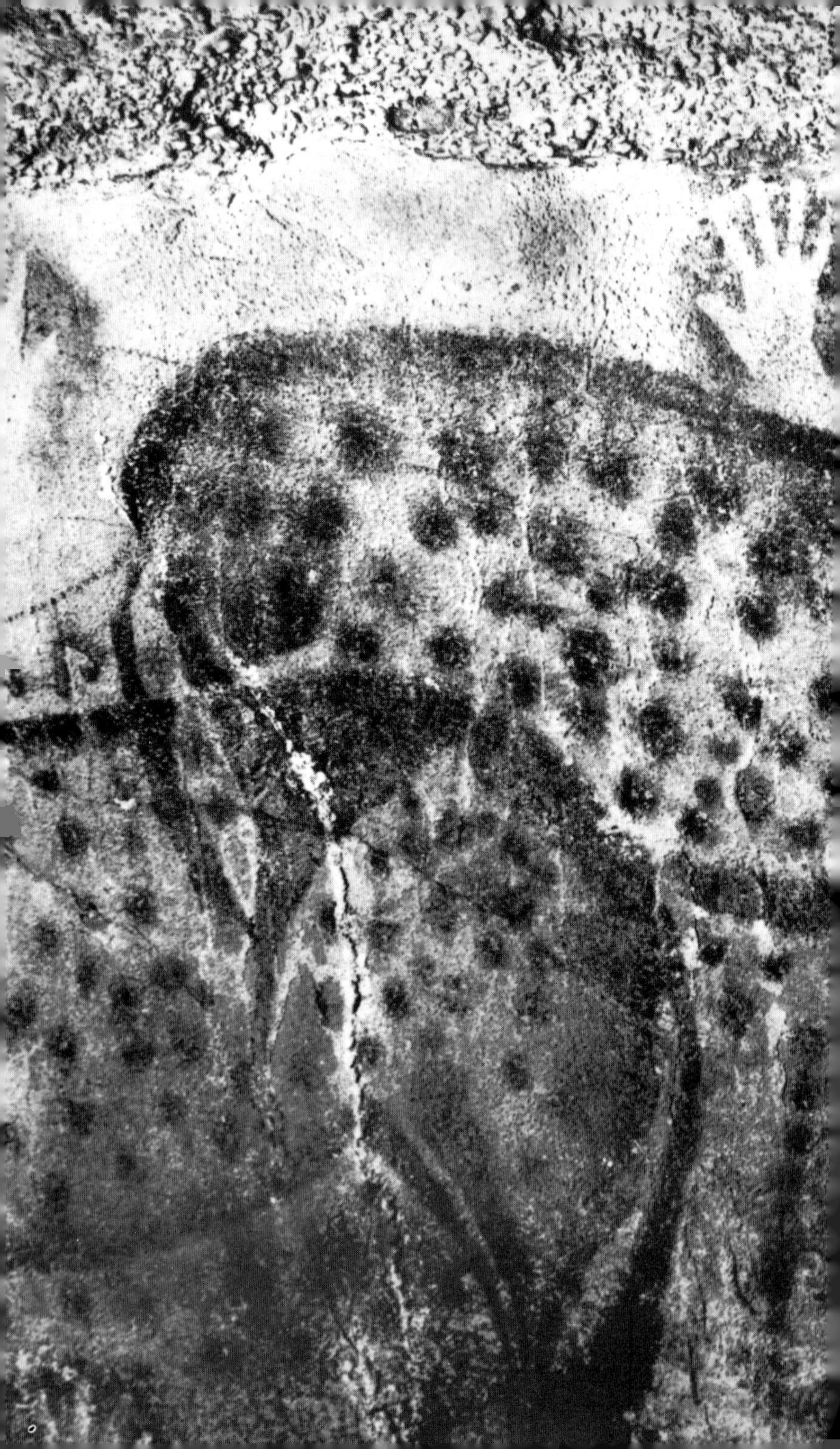

Eroberung gestützt. Damit vergaß man ein wenig, daß Metall damals dort fast unbekannt war... Man fand praktisch keine abbaubaren Bodenschätze, was den Menschen fatalerweise dazu zwang, im Steinzeitalter zu verharren...
Es waren Menschen mit weißer Haut, blondem oder rotem Haar und blauen Augen. Die geistlichen Herren Bontier und Le Verrier von der Expedition Béthencourt hielten sie für die schönsten und «fröhlichsten» (größten) Menschen, die sie jemals gesehen hatten, und zwar Männer wie Frauen.
Die Informationen über die Bevölkerung zur Zeit der Eroberung sind ziemlich wirr, wie es immer der Fall bei Entdekkungen von Welten ist, die sich von der der Entdecker unterscheiden. Ein Chronist hält die Menschen für Wilde, die ganz einfach nackt leben. Andere dagegen, die ein wenig hinter dem Mond sind, glauben, sie seien ohne jede Zivilisation, wenn sie nicht die Schreibmaschine erfunden haben (solches wurde tatsächlich im Fernsehen behauptet).
Außerdem haben die Chronisten verschiedene Einstellungen zu den Bewohnern der Kanarischen Inseln gehabt, je nachdem auf welcher der Inseln sie sich befanden. Denn die Bodenschätze und die andersartigen Anbaumethoden haben einen unterschiedlichen Lebensstandard geschaffen.
Obwohl sie alle dieselbe Sprache sprachen, wurde diese auf jeder Insel zu einem besonderen Dialekt, was sogar untereinander zu Verständigungsschwierigkeiten führte. Sie kannten sich nur oberflächlich und besuchten sich schon seit langem nicht mehr untereinander, obwohl die archäologischen Untersuchungen gezeigt haben, daß früher einmal solche Besuche stattgefunden haben. Sie hatten keine, nicht einmal die einfachsten Schiffe und schienen auch keine zu brauchen. Sie

fischten in der Art, die man heute als «Unterwasserjagd» bezeichnet, schwimmend und mit der Harpune. Sie waren ausgezeichnete Taucher und Schwimmer. Diese Kunst reichte für sie, und daher sahen sie auch nicht die Notwendigkeit einer weiteren Entwicklung... Man hat nämlich keine Spur von Guanchenschiffen gefunden.

Sie waren Viehzüchter und besaßen Ziegen und Schafe sowie Hunde. Es scheint, daß dies die einzigen Tiere waren, die sie kannten. Darüber darf man nicht allzu erstaunt sein angesichts der Bodenbeschaffenheit aller Inseln. Sie sind vulkanisch mit häufigen Ausbrüchen... Man könnte sich vorstellen, daß alles verschwinden mußte, was bei der großen Sintflut des neolithischen Hiatus nicht auf die Höhen flüchten konnte und so zu überleben wußte.

Wenn man über diese Inseln fährt, findet man von Zeit zu Zeit Lavaströme, die sich von den Bergspitzen ins Meer ergossen haben und die Ebenen überzogen. Sind diese Ströme aus neuerer Zeit, so sind es Lavablöcke, auf denen nichts wächst. Die alten Ströme bröckeln auseinander, werden immer feiner und entwickeln sich durch die Erosion zu Lavastaub, der besonders fruchtbar ist. Da jedoch die Lavaströme sehr häufig auftraten, begruben sie immer wieder die urbar gemachten Böden, während sich andere bildeten.

Man muß sich darüber klar sein, daß es allein auf der Insel Lanzarote mehr als vierhundert Krater gibt und daß es den Inselbewohnern dennoch gelang, Viehzucht und Ackerbau aufrechtzuerhalten. Man glaubt, daß der Teide auf der Insel Teneriffa, dessen Höhe 3000 Meter übersteigt – 3000 Meter Lava! – zwar nicht immer ausbricht, aber zumindest alle hundert Jahre einen Lavastrom ergießt... Eine neuere Eruption im Süden der Insel Las Palmas (vor rund zehn Jahren) ist immer noch nicht beendet.

Man kann also annehmen, daß auf diesen Inseln alles, «was man gewonnen hat», in mehr oder weniger großen Zeitabständen in Frage gestellt wird.

Die Guanchen bauten Weizen an, dessen Qualität zur Zeit der Eroberung weit über dem europäischen Weizen lag. Sie bauten auch Wein und Bananen an, die immer noch die Hauptausfuhrprodukte der Inseln sind.

Die Guanchen webten nicht. Es fehlte an Material wie Leinen, Hafer, Nessel oder Ginster. Aber sie haben auch nicht versucht, die Wolle ihrer Schafe zu spinnen. Es wäre absurd, darin einen Mangel an Intelligenz oder Vorstellungskraft zu sehen; einzig das Bedürfnis fehlte. Die wenigen Kleidungsstücke stellten sie aus Ziegenleder her, das sie sehr fein und mit unvergleichbarer Geschicklichkeit verarbeiteten. Diese Tatsache ist um so erstaunlicher, da sie kein Metall kannten (die Vulkane spien es nicht aus), die sehr stabilen Fäden, die sie benutzten, gewannen sie aus Därmen der Schafe und Ziegen. Sie wanden jedoch sehr schöne Geflechte aus Rosen und fertigten sich daraus eine Art Galarobe.

Obwohl sie keine Töpferscheibe benutzten, war ihre Keramik perfekt. Die Reste, die man manchmal fand, sind normalerweise glatt, jedoch auch oft mit geraden Schmucklinien versehen.

Ihre Waffen waren zwar grob, aber wohl von fürchterlicher Wirkung, denkt man an die Schwierigkeiten, mit denen die Spanier auf einigen Inseln fertig werden mußten. Sie bestanden aus Steinen und Holz. Die Steine waren manuell mit Kraft und Geschicklichkeit zu Lanzenspitzen verarbeitet.

Holz, Stöcke und Lanzen waren im Feuer gehärtet, und einige konnten, da sie aus Pinienholz gearbeitet und gut vorbereitet waren, zu sehr scharfen Waffen werden.

Sie besaßen auch Obsidianäxte, und es kam vor, daß sie sich mit Schilden verteidigten, die aus der Rinde des «Dragonnier» gefertigt waren, eines Baumes, der auf den Kanarischen Inseln vorkommt und dessen Saft rot ist.

Es ist noch anzumerken, daß jedes Jahr eine Art Olympiade, die sogenannten *Benasmen,* gefeiert wurde. Dabei trug man im allgemeinen sportliche Wettkämpfe aus, für deren Dauer alle Feindseligkeiten begraben wurden. Freund und Feind achteten dabei einander; ein Akt der Zivilisation, der weit über unsere eigene Zeit hinausgeht...

Die Bewohner der Kanarischen Inseln wohnten gerne in Höhlen, die auf den Inseln sehr zahlreich sind und die von den Lavaströmen gebildet wurden. Das soll nicht heißen, daß sie unfähig gewesen wären, Häuser zu bauen, denn für ihre Tiere errichteten sie Unterstände aus Steinen und Holz. Aber die Höhle scheint eine der angenehmsten Wohnungen zu sein, die man sich vorstellen kann – zumindest hat mir dies ein junges englisches Ehepaar versichert, das ich in einer Höhle angetroffen habe, als ich die Petroglyphen von Hierro suchte. Auch die Toten wurden in den Höhlen oder unterirdischen Grabstätten bestattet. Dies ermöglichte auch jene außergewöhnliche «Ernte» von Skeletten... Und auch von Mumien.

Über die Religion der Guanchen ist nur sehr wenig bekannt. Man nimmt heute an, daß sie an ein allmächtiges und ewiges Wesen glaubten, das man angeblich verehrt hat – wenn dieser Begriff überhaupt eine Bedeutung hat... Ihren Kult vollzo-

gen die Bewohner von Gran Canaria in den Bergen. Er wurde von einer Art weiblicher Druiden, den *Magnaden*, zelebriert, die sich mit weißen Häuten bekleideten und die ein Muster an Tugend gewesen sein sollen. Auf der Insel Las Palmas errichteten sie diesem höchsten Wesen Steinpyramiden und feierten kultische Tänze.
Dies erfolgte sicher nicht ohne Aberglauben, aber es war mir unmöglich, irgendeine Spur davon zu finden, die von Bedeutung gewesen wäre. Es ist möglich, daß die «Missionare» ihn fromm ausgelöscht – oder die Menschen christianisiert haben. So wurden aus den beiden hohen Felsen von Las Palmas, die als besonderer Ort galten, dem Platz, an dem die Gottheit die Gebete und Bitten erhörte, sehr katholisch die «Kleinen Heiligen der Alten»...
Es scheint, als hätten die Guanchen nicht viel Widerstand geleistet, als sie christlich werden sollten, da sie der katholische Pomp erfreute. Das rettete sie zweifelsohne vor der Sklaverei – außerdem heirateten viele Eroberer die Töchter der Inseln. Kein Christ und keine Christin wurde zum Sklaven gemacht, und die Kirche widersetzte sich, soweit es in ihrer Macht stand, der Sklavenjagd und dem Verkauf, dessen Gewinnerwartung die spanische Eroberung eingeleitet hatte. Plünderungen fanden auf diesen Inseln nicht statt, da es dort außer den Menschen keine anderen Wertobjekte für den Handel gab.
Zunächst gab es dennoch Sklavenjagd und Verkauf. Sie fanden jedoch ein schnelles Ende. Nicht so sehr wegen des Klerus, sondern weil die Bewohner der Kanarischen Inseln die Freiheitsberaubung nicht ertrugen und sich töteten oder einfach den Lebenswillen aufgaben und starben.

Die Gesellschaftsordnung kann nur schwer nachgezeichnet werden. Sie wurde nach den Berichten der Eroberer und des Klerus beschrieben. Aus diesen geht jedoch hervor, daß die herrschende Klasse immer Guanchen waren. Es gab Distrikts- und manchmal auch Inselhäuptlinge, die sich *Guanartemen* nannten, aus denen man «Könige» machte. Sie waren von Adligen, den *Guayren*, umgeben (es ist möglich, daß man dieses Wort mit der baskischen Wurzel *gain* = Spitze in Verbindung bringt, das *gaihen* ergibt = der Vorgesetzte und *gainera* = an der Spitze, was zu *gaira* zusammengezogen wurde).

Wenn in bestimmten Familien der Titel eines *Guayre* vergeben wurde, mußte der Mensch bestimmte Tugenden besitzen, unter anderem den Respekt vor den Frauen und die Verpflichtung, niemals vor ihnen gewöhnliche Worte auszusprechen...

Es scheint mir, daß der *Guanarteme* dem entsprach, was man allgemein als «Stammeshäuptling» bezeichnet, denn er war kein König nach dem Verständnis dieses Wortes im Mittelalter. Der Häuptling eines Stammes, dessen kleinste Zelle die Familie war. Diese Familie hatte zwar als Vater einen Priester, aber bei seiner eigenen Familie hörte seine religiöse Macht auf. Für Angelegenheiten des gesamten Volkes gab es den *Faycan*, der von großer Bedeutung war. Er führte den Vorsitz bei Versammlungen der Adligen und Richter. Er hatte die Hand über öffentliche Schauspiele, hatte das Recht, vor dem *Guanarteme* zu sprechen, und urteilte endgültig. Man kann ihn am besten mit den Druiden vergleichen.

Chronisten haben bestätigt, daß die Frauen auf bestimmten Inseln Vielmännerei mit sehr genauen zeitlichen Regeln

für jeden Partner trieben... Andere haben dem widersprochen...
Die Historiker der damaligen Zeit versichern, daß die Spanier die Guanchensprache sehr leicht erlernten. Aber die meisten Seeleute waren Basken...
Man weiß nur wenig über die Sprache der Guanchen, die in verschiedenen Dialekten auf den Inseln gesprochen wurde. Dies erleichterte kaum die Aufgabe jener, die sie studieren wollten. Außerdem waren die ersten Ankömmlinge keine Linguisten, und die Priester, die sie bei sich hatten, dachten nicht im geringsten daran, sich zu informieren. Es ging ihnen nur darum, die «Wilden» im Christentum zu unterweisen.
Diese Sprache war bekanntlich agglutinierend, was jede Analyse ungewöhnlich schwer machte. Kamen Beugungen vor, wurde sogar die Phonetik verändert. Nur die Basken konnten sie durch ihre Ähnlichkeit aufnehmen... Ein baskischer Pater, der an einer Expedition teilgenommen hatte, soll übrigens ausgerufen haben: «Aber diese Leute sprechen ja Baskisch!»
Die Wörter, die uns noch von der Sprache geblieben sind, müssen mit Vorsicht betrachtet werden, da sie von einem Zeugen niedergeschrieben wurden. Es gibt eine Menge, und sie stimmen nur selten überein, was nicht erstaunlich ist. Da man sie aus verschiedenen Dialekten zusammensuchte und gut oder schlecht verstand, wurden sie phonetisch umgeschrieben und ziemlich oft erst sehr viel später nach dem Gedächtnis niedergeschrieben... Bei einer Agglutinierung, die Beugungen beinhaltet, ist es sehr schwierig, die Grundformen der Substantive zu finden, und praktisch unmöglich, die Adjektive zu entschlüsseln.

Aufgrund dieser Fakten fand man mit allen notwendigen Vorbehalten eine Ähnlichkeit zwischen der Guanchensprache und jener der Berber im Atlas; dies ließ bei den meisten Historikern die Vermutung aufkommen, daß die Kanarier ursprünglich Berber gewesen sein könnten. Fest steht, daß eine Überquerung des Meeres zwischen Afrika und den Inseln auch mit kleinen Booten leicht zu bewerkstelligen gewesen wäre... Die Rückkehr war allerdings weniger einfach... Es steht auf jeden Fall fest, daß nicht nur einige Punkte der Linguistik Berber und Guanchen einander näherbringen, sondern daß auch eine Verwandtschaft zwischen den beiden in ihrem Ursprung klar und wissenschaftlich bewiesen ist... Gleiches gilt aber auch für die Basken.

9

Das Blut der Guanchen

Anscheinend war es Hamy, der 1874 die verblüffende Ähnlichkeit zwischen einem alten Schädel von den Kanarischen Inseln und dem des Cro-Magnon feststellte. Dieser Schädel kam von Barranco Hondo auf der Insel Teneriffa.

Es gibt oft merkwürdige Zufälle. Unter den Tausenden von alten Grabstätten, die es auf den Inseln gab, wurde dieser Schädel in einem Gebiet aufgestöbert, in dem – wie man später herausfand – Menschenreste vorhanden waren, die die Eigenschaften des Cro-Magnon am reinsten bewahrt hatten. Das stachelte natürlich die Phantasie an. Der Name Guanche bekam damals einen poetischen Glorienschein, den er bis heute behalten hat. Um ihn ranken sich eine Reihe von Geschichten. Man sprach von einem riesigen Ritter, der oben auf einem Felsen saß und der mit seinem Arm die Richtung nach Amerika wies. Das war – glaube ich – die Zeit, in der man die Spanier beschuldigte, systematisch die Bevölkerung der Kanarischen Inseln ausgerottet zu haben. Die Inquisition nahm sich natürlich dieses Ritters an und machte es sich zur Aufgabe, ihn für immer verschwinden zu lassen. Schließlich schloß man, die Kanarischen Inseln wären oder seien der Hort der verschwundenen ehemaligen europäischen Rassen gewesen... Medizinische Untersuchungen, die fast ein dreiviertel Jahrhundert später durchgeführt wurden, zeigten in der Tat, daß sie keineswegs ausgestorben waren.

Das Problem war weniger einfach, als man es sich anfänglich vorgestellt hatte. Andere Ausgrabungen in den Grabstätten ließen den Schluß zu, daß der Guanchentyp nicht der einzige war, wenn er auch im allgemeinen besonders häufig auftrat. Außerdem zeigten die archäologischen Funde beträchtliche Unterschiede in der alten Inselbevölkerung. Unterschiede, die die ersten Eroberer bei der lebenden Bevölkerung auch festgestellt hatten: große und kleine Menschen, die nicht gleich aussahen. Dr. Verneau, der es sich zur Aufgabe gemacht hatte, alle menschlichen Reste oder sonstigen Funde zusammenzustellen, stand bald vor einem riesigen Berg anthropologischen Materials, das in den verschiedenen Museen der Inseln und vor allem im Museum von Las Palmas auf Gran Canaria gesammelt wurde.

Dort bestand eine Arbeitsmöglichkeit. Man konnte nicht nur «Einzelstücke» untersuchen, sondern auch statistische Erhebungen machen und eine erste Auswertung der zahlenmäßigen Verteilung der verschiedenen Typen vornehmen.

Dr. Verneau veröffentlichte 1881 und 1887 das Ergebnis seiner Untersuchungen. Um seinen Schlußfolgerungen mehr Gewicht zu geben, hatte er 2000 Köpfe und Skelette untersucht, die aus der Zeit der spanischen Eroberung stammten. Leider ging deren Alter kaum über die Anfänge der christlichen Ära hinaus, das heißt nach dem Vorbeizug der Phönizier, Kreter, Karthager, Kelten und wahrscheinlich der Berber, also bei einer Bevölkerung, die schon ausländische Einflüsse aufzuweisen hatte.

Dr. Verneau teilte die Bevölkerung nach der Eroberung in drei Typen, wovon einige reinrassig, andere das Ergebnis von Mischungen dieser drei Typen untereinander waren.

1. Der sogenannte Guanchentyp aus einer rein cromagnoiden Familie, der alle besonderen Eigenschaften des *Homo sapiens* hatte, der kaum zu verwechseln ist.

Ich möchte hier jetzt keine Aufstellung all dieser Eigenschaften geben, die in abstoßenden anatomischen Tabellen enthalten sind, sondern auf die Spezialwerke und vor allem das Buch von Ilse Schwidetzky verweisen.[1]

2. Ein Typ, den Dr. Verneau unter dem Namen «semitisch» einordnete, beeinflußt zweifelsohne von den Fahrten der Seefahrer aus dem Vorderen Orient zu Ende des 2. Jahrtausends vor Christus. Dieser Typ wurde in der Folgezeit als nicht semitisch erkannt und als «mediterran» eingestuft.
3. Ein brachyzephaler Typ, der mit den Kelten verwandt sein könnte.

Hoton, der mit demselben Material arbeitete, teilte die Typen 1925 in Guanchen, Mediterrane und Nordische auf.

Falkenburger schloß 1940 auf die Existenz von vier Typen: cromagnoider Guanche, negroider Typ, ein mediterraner, der aus einem Gemisch der drei ersten entstanden war, und schließlich ein vierter, brachyzephaler Typ.

Für Ilse Schwidetzky beschränkt sich die vorspanische Bevölkerung auf zwei Typen, die eine cromagnoid, die andere mediterran. Die anderen Typen sollen das Ergebnis von Mischungen oder lokalen Variationen sein.

Es ist klar, daß diese «Klassifizierungen» nur annähernd die ursprüngliche Bevölkerung der Kanarischen Inseln beschreiben, da die Datierungen der Holzstücke, die sich in den Grabstätten befanden und die notwendigerweise das Alter der

[1] La población prehispanica de las islas canarias.

Skelette haben müssen, die sie umgeben, nach der C-14-Methode zwischen 290 und 1000 nach Christus variieren... Es ist außerdem fast unmöglich, frühere Reste zu finden, da die Vulkanausbrüche Bauten und Grabstätten verschüttet haben. Die Bevölkerung ist jedoch wesentlich älter. Die verschiedenen Ausbrüche haben fast alles zerstört, was man als menschliche Wohnung dieser sehr alten Zeit bezeichnen könnte. Es kommt jedoch vor, daß Zeichen oder eine Höhle trotz einiger Jahrtausende von den Lavaströmen verschont blieben... So gibt es zum Beispiel hier und dort Alphabetzeichen, in denen man – außer bei denen, die wir nicht entziffern können – kretische und manchmal Tifinagh-Buchstaben wiedererkennt, die wahrscheinlich aus dem marokkanischen Berbergebiet kommen... Wir kennen auch die Grotte von Belmaco auf der Insel Las Palmas, in der man Wellen, Spiralen und Schlangen findet, die genau jenen im megalithischen Irland oder aus der Grav'inis in der Bretagne gleichen.
Natürlich beweist nichts von vornherein, daß die Menschen, die diese Zeichen einritzten, und deren Spiralen oder Kreise sehr den Petroglyphen Galiziens[1] ähneln, Ahnen der Guanchen waren. Es ist aber erlaubt, alles in Betracht zu ziehen... Obwohl es auf den Inseln keine Schiffe mehr gab, entspringt die Ähnlichkeit der Zeichen sicher einer sehr alten maritimen Tradition. Die Symbole findet man für die megalithische Zeit, das heißt um das 4. oder 3. Jahrtausend vor unserer Zeitrechnung, auf den Kanarischen Inseln, auf der Insel Irland, fast im gesamten Armorikum und im Finistère von Galizien...

[1] Vgl. Louis Charpentier: Les Jacques et le mystère de Compostelle. Editions Robert Laffont.

Um vereinfachend zusammenzufassen, sei gesagt, daß die Bevölkerung der Kanarischen Inseln vor der spanischen Eroberung sich in den ersten Jahrhunderten unseres Zeitalters aus einer Rasse der cromagnoiden Schicht bildete, die man die «Guanchen» nannte, und aus einem mediterranen Beitrag, denen sich einige brachyzephale Typen keltischen Ursprungs anschlossen. Ganz allgemein nehmen die Archäologen an, daß diese Guanchen sich seit der megalithischen Zeit dort befanden, das heißt zumindest seit dem 3. Jahrtausend vor unserer Zeit.

Das besagt aber noch gar nichts. Wenn sie seit dem 3. Jahrtausend dort sind – und die Petroglyphen von Belmaco unterstützen diese Datierung –, müssen sie irgenwann dorthin gekommen sein. Oder sie waren vorher da, als Gründer sozusagen; und nicht nur auf den Inseln, sondern auch an anderen Orten, wo sich andere Cromagnoide befanden. Damit verschiebt man jedoch das Problem nur zeitlich.

Man gelangt auf eine Insel im Meer nur über das Meer, und um dorthin zu gelangen, braucht man Schiffe, sofern man kein Fisch ist... Man muß also die gesamte alte Seefahrtgeschichte betrachten, die im 2. Jahrtausend in Phönizien beginnt... Es handelt sich natürlich nicht um Binnenschiffe. Thor Heyerdahl hat gezeigt, daß die Nilboote auf dem Atlantik nicht durchhalten – und zweifelsohne auch nicht auf dem Mittelmeer.

Aber die Atlantikfahrt ist wegen des Meeres, so wie es nun einmal ist – außer bei kleiner Fahrt –, ohne Metallverarbeitung, das heißt zumindest des Kupfers, nicht möglich. Damit stehen wir nun wieder vor dem Problem der Metallverarbeitung, das man gerne in seinen Ursprüngen in den Nahen

Osten verlegen möchte... Obwohl es doch so scheint, als habe Tartessos einige Jahrtausende Vorsprung.

Für die Guanchen stehen wir vor folgendem Dilemma: Entweder waren sie die ganze Zeit dort, oder sie kamen *vor* dem 3. Jahrtausend dahin.

Woher? Die Frage ist ebenso unlösbar wie die des Ahnen des Cro-Magnon. Dabei kommt man auf den Ausdruck von José-Miguel de Barandiaran zurück. «Von den Basken wissen wir sehr wohl, woher sie kommen, nämlich vom Cro-Magnon, aber vom Cro-Magnon, da wissen wir gar nichts.» Gleiches gilt für die Guanchen. Auch von ihnen wissen wir, daß sie vom Cro-Magnon abstammen, aber wir wissen nicht wie.

Das soll jedoch nicht heißen, daß es nicht gelingen könnte, dies in Erfahrung zu bringen. Man kann natürlich die moderne Wissenschaft angreifen, aber sie hat auch ihre guten Seiten... Man fand heraus, daß die Guanchen – und schon das allein läßt träumen! – bestimmte Tote mumifizierten, zweifelsohne die Honorablen, und man hat in den Grabstätten Mumien gefunden, die noch sehr gut erhalten waren.

Der erste Gedanke, der den Archäologen kam, war eine Verbindung mit dem Ägypten der Pharaonen, obwohl die Mumifizierung in gewisser Hinsicht unterschiedlich war. Anscheinend nahmen die Guanchen die Körper aus, ohne jedoch wie die Ägypter das Gehirn zu entfernen. Dann wurde der Leichnam mit aromatischen Kräutern vollgestopft, ohne daß man ihn jedoch in irgendein Bad legte. Er wurde an der Sonne getrocknet, in Ziegenhäute eingeschlagen und fein zugenäht (an diesen Mumien fand man die feinen Nähte mit dünnem «Darm»). Schließlich wurden sie begraben, nicht in einem Sarg oder Sarkophag, sondern in einer Grabhöhle auf einem Brett aus kanarischer Pinie.

Man könnte sich auch durchaus vorstellen, daß auf verschiedenen Inseln – vielleicht auf allen – Pyramiden gebaut wurden und daß diese Pyramiden eine mumifizierende Wirkung hatten… (Selbst wenn diese Dinge wahr und leicht feststellbar wären, sollte man sie nicht behaupten, da die Wissenschaft noch keine Erklärung liefern kann…)

Wie immer die angewandte Methode auch aussah, fest steht, daß die Entfernung der Eingeweide der Guanchen, die zweifelsohne mit Obsidianmessern durchgeführt wurde, viel gröber erfolgte als in Ägypten. Daher war es bei diesen Mumien möglich, Eingeweidereste und umgebendes Gewebe zu finden.

Nach entsprechender Aufbereitung dieser Reste war es ebenfalls möglich, die Blutgruppen der Mumien zu bestimmen; zumindest im System A, B und 0.

Die Eingeweide von 370 Toten konnten gesammelt werden und wurden Dr. Schwartzfischer in München übergeben, der sie untersuchte. Es war nicht immer möglich, ein sicheres Ergebnis zu erzielen.

«Die bemerkenswerteste Eigenschaft der Ureinwohner der Kanarischen Inseln ist ein besonders hoher Anteil der Blutgruppe 0.»[1] Ilse Schwidetzky fügt hinzu, «Der Anteil war so hoch, wie er bei keiner anderen lebenden europäischen Bevölkerung bekannt ist. Er nähert sich sehr dem der Berberstämme des Hohen Atlas, in denen dieser Prozentsatz 80 Prozent erreicht.»

[1] Ilse Schwidetzky, a. a. O.

Hier die von Dr. Schwartzfischer erzielten Ergebnisse. Die erste Zahl gibt die Zahl der Individuen, die zweite den jeweiligen Prozentsatz an.

Verteilung der Blutgruppen

Teneriffa			Gran Canaria		
A	8	9,88%	A	5	2,62%
B	4	4,94%	B	4	2,09%
0	68	83,95%	0	181	94,76%
AB	1	1,23%	AB	1	0,53%

Es ist wahrscheinlich, daß die Menschen, die mumifiziert wurden, eine sehr hohe gesellschaftliche oder religiöse Stellung hatten, wenn dieser Ausdruck in der damaligen Zeit überhaupt eine Bedeutung hatte. Nach den Erzählungen der ersten Eroberer waren die Guanchen die herrschende Klasse, und es ist sehr wahrscheinlich, daß man einen höheren Prozentsatz von Mumien der Guanchen als von anderen Volksgruppen findet. Diese Auswahl kann also keine absolut exakte Übersicht über die Inselbevölkerung geben.

Die wichtigste Aussage dieser Untersuchung besagt, daß die herrschende Klasse Guanchen und Cromagnoide mit der Blutgruppe 0 waren. Das widerlegt die Meinung der Archäologen, daß diese Rasse die ältesten Bewohner der Insel waren und daß die anderen Rassen später kamen, und zwar aufeinanderfolgend.

Man könnte auf den Gedanken kommen, daß die Träger der Blutgruppe A, die fast ausschließlich europäisch waren, die Legenden bestätigen, die in der keltischen Welt vor und nach der Christianisierung umliefen und die von Seereisen im Westmeer und von Landungen auf den «glücklichen Inseln»

berichteten wie die Legende von Cuchulain oder nach der Christianisierung des heiligen Brandan.
Durch die Untersuchung der Blutgruppen kommt man zu dem Ergebnis, daß der asiatische Einfluß sehr schwach war, zumindest in der «mumifizierten» Klasse... Es ist auch nicht ausgeschlossen, daß einige Träger der Blutgruppe B auf die Legende zurückzuführen sind, nach der die Römer Christen auf die Inseln verbannten. Die ersten Christen waren Juden der Diaspora, also wahrscheinlich mit Blutgruppe B. Es ist folglich auch nicht ausgeschlossen, daß einige Araber nach der Invasion der Berber aus dem Maghreb dorthin verschleppt wurden...
Für die Guanchen, die man von irgendwoher dorthin kommen lassen wollte, wurde die Idee entwickelt, die im übrigen begründet ist, daß ihr Ursprung im «Nächsten» liege, also in den Berbern des Atlas. Man muß zugeben, daß die Hypothese verführerisch ist, vor allem für die östlichen Inseln Lanzarote und Fuerteventura. An der afrikanischen Küste bei Ifni verlaufen die Winde und Strömungen in Richtung auf die Kanarischen Inseln, und es kann durchaus sein, daß kleine Boote an eine der Inselküsten verschlagen wurden.
Die Berber des Atlas sind jedoch wie die Guanchen Cromagnoide mit Blutgruppe 0. Fügt man außerdem noch die von Bontier, Abreu, Galindo und Torriani gesammelten und erhaltenen Worte der Guanchensprache hinzu, wie auch immer ihr Wert sein mag, so haben Linguisten und vor allem Wölfel daraus Schlüsse im Sinne einer möglichen Identität gezogen.
«Wir haben Wörter», sagt Wölfel, «deren semantische und phonetische Identität mit der Sprache der Berber eindeutig

ist, so daß wir eine enge Verwandtschaft zwischen ihnen annehmen müssen.» Außerdem fügt er hinzu, «wir besitzen dagegen andere, die nicht über die Berber gelöst werden können.» Wir müssen jedoch noch auf die Berber zurückkommen, deren Sprache auch nicht ohne Nähe zum Baskischen ist...

Selbst wenn man Berber und Guanchen nicht voneinander trennt, bleibt doch die Frage nach ihrem gemeinsamen Ursprung jenseits der cromagnoiden Schicht offen... Und diese Frage kann man für alle europäischen Völker am Atlantik stellen.

Man darf auf keinen Fall das Wissen vernachlässigen, das getrennt und zusammen mit den morphologischen und hämatologischen Analysen erzielt wurde.

Man kann fast ohne Risiko feststellen, daß die gegenwärtige Vorherrschaft der Blutgruppe 0 entlang der Atlantikküste den Zustand der Vorgeschichte widerspiegelt, das heißt eine große Dichte von mehr oder weniger veränderten oder vermischten Cromagnoiden. Das bedeutet, daß wir es nur mit einer einzelnen Schicht zu tun haben, deren größte Verbreitung an den Atlantikgestaden lag und von der eine fast reine Insel geblieben ist, die sich entwickelt hat und die im Augenblick die baskische Rasse darstellt.

Eine Bestimmung des «Geburts»ortes dieser Schicht ist ein hoffnungsloses Unterfangen, da sie mehr phantastische Ideen als Tatsachen ergäbe.

Es ist übrigens vorstellbar, daß diese Schicht infolge einer irgendwie gearteten Mutation entstanden ist – wir kennen fast kein Mutationsgesetz, das nicht mit einer Transformation verwechselt werden könnte –, entstanden an den Gestaden

des Atlantik in Europa und vielleicht in den Gebieten zwischen Aquitanien und den Pyrenäen.
Die Saat dieser Schicht ist jedoch aufgegangen, und da wir ihr sehr viel verdanken, wäre es nicht ohne Reiz, zu versuchen, mit den modernen Hilfsmitteln ihre Ausdehnung außerhalb Europas zu verfolgen. Denn diese Schicht des Cro-Magnon, die wir an den Ufern des Atlantik vom Atlasgebirge bis nach Aquitanien wiederfinden, erstreckt sich ebenfalls entlang des Mittelmeeres.

10

Die Berber

Es ist nicht wichtig, ob die Guanchen ein Zweig der Berber des Atlas sind oder umgekehrt. Sollte dieses der Fall sein, muß sich der Vorgang im 3. Jahrtausend vor Christus abgespielt haben, da sich die Guanchen zumindest schon zu jener Zeit auf der Insel Las Palmas befanden (eine der westlichsten der Kanarischen Inseln).

Daraus kann man erneut den Schluß ziehen, daß der Atlantik befahren wurde, was mir hinreichend bewiesen zu sein scheint, da Cromagnoide in Schottland, Wales, Irland und Cornwall vorkommen. Wichtig ist jedoch, daß Guanchen und Berber von derselben Rasse sind... Berber und Basken zusammen haben diese Rasse in ihrer größten Reinheit erhalten, die einen in den Ausläufern der Pyrenäen, die anderen in den hohen Bergen des Atlas. Beide, Guanchen und Berber, haben sich natürlich im Laufe der Jahrtausende verändert. Ilse Schwidetzky behauptet, die Berber seien wahrscheinlich dem Urtyp am nächsten, was man von den Guanchen nicht behaupten kann. Das ist möglich. Der Hohe Atlas war sicherlich schwieriger zu durchdringen als der Kanarische Archipel zur Zeit der Seefahrer des Mittelmeeres. Folglich war die Mischung im Atlas weniger stark.

Geht man von dem logischen Prinzip aus, daß sich der «Ausgangspunkt» eines Volkes an der Stelle befinden müsse, an der man immer noch die ausgeprägtesten Eigenschaften einer

Rasse findet, kann man annehmen, daß die Ausbreitung der Berber vom Atlas ausging. Man begegnet ihnen entlang der atlantischen Küste in Afrika, sogar in Mauretanien und bei den Fulbe, jenen Schwarzen, die nicht negroid sind und sogar schon im Hoggar verwischt und vermischt sind.

Nicht nur morphologisch sind Spuren zu finden, auch die hämatologischen Eigenschaften der Bevölkerung in den Küstengebieten gleichen sich. Diese liegen entlang den Ufern des Mittelmeeres bis zur Syrte, dem heutigen Tunesien. Sie haben natürlich den Namen geändert und wurden in den Aurès und den Bergen von Kabylien zu Kabylen, aber es handelt sich immer noch um dieselbe Rasse.

Wenn man keine Dolmen und meines Wissens auch keine Megalithen auf den Kanarischen Inseln gefunden hat, so beruht diese Tatsache zweifelsohne einerseits auf den unaufhörlichen Erdbewegungen seit Jahrtausenden, die die meisten haben verschwinden lassen, wenn es überhaupt welche gab, andererseits auf der Vielzahl von natürlichen Höhlen, die jeden Bau künstlicher Höhlen überflüssig machten, die ja Grabdolmen oder rituelle Dolmen darstellten.

Man findet sie dagegen im Atlas, je nach Verbreitung der Cromagnoiden in einem Gebiet, das relativ nahe dem Meer liegt und sich von der marokkanischen Küste am Atlantik bis nach Tunesien erstreckt. Einmal mehr bestätigt sich also das geographische Zusammenfallen einer cromagnoiden Schicht mit den Dolmen... Ich wage nicht «Megalithmonumente» zu sagen...

Es steht außerdem fest, daß diese Cromagnoiden über Westafrika hinausgezogen sind. Dr. Schwartzfischer hat 10 Prozent Cromagnoide unter den Mumien der ersten ägyptischen

Dynastien gefunden... Auch die hämatologischen Untersuchungen haben vor kurzem eine starke Dichte der Blutgruppe 0 unter der äthiopischen Bevölkerung ergeben, die wie die Fulbe sogar sehr schwarz, aber in der Mehrzahl nicht negroid sind. Es gilt jedoch als fast sicher, daß die ersten Pharaonendynastien oder zumindest ihre Vorläufer aus Äthiopien kamen.

Martha de Ruspoli zieht in ihrem schönen Buch «L'épervier divin» ägyptische Texte heran. Sie hat fundierte Kenntnisse über die Berberstämme des Atlas und zeigt verwirrende Fakten über die Art eines möglichen transafrikanischen Exodus vom Atlas nach Ägypten auf. Sie zitiert, und dieser Fall sollte berücksichtigt werden, den Fund des italienischen Ethnologen Fabrizzio Mori 1956 in einer Höhle unter einem Felsen von Tadrart Akhakus, einer Bergregion des Fezzan, an der Südwestgrenze von Libyen, wo die Mumie eines Kindes aufgefunden wurde.

«Das Kind war ungefähr zwei Jahre alt; sein Körper war zusammengerollt und in eine Antilopenhaut eingeschlagen. Diese Haut war an mehreren Stellen mit Lederfäden zusammengenäht.»[1] Die Mumifizierung erfolgte durch ein Trockenverfahren, wie es auch die Guanchen praktiziert haben. Das Alter der Mumifizierung wurde mit Hilfe der C-14-Methode auf 5400 Jahre vor unserer Zeitrechnung festgelegt, das heißt 3500 vor Christus. Man muß bedauern, daß Rassentyp und Blutgruppe nicht untersucht wurden...

Was soll man auch von jenen Texten in den Pyramiden halten, in denen Horus, dem Sohn des Osiris, folgende Fragen

[1] Martha de Ruspoli: L'épervier divin, Edition Mont Blanc.

gestellt wurden: Bist du ein echter Okzidentale? Bist du der Anführer jener aus dem Westen?[1]
Für die alten Ägypter lag das Land der Toten im Westen. Das Land der Toten heißt das Land jener, die tot sind, das heißt der Ahnen... Äthiopien jedoch, das Land, von dem sie auszogen, lag im Süden. Zumindest wenn man nicht ein Westäthiopien einführen will, das aus der Zeit der Griechen stammt – wie im übrigen auch das Wort Äthiopien.
Die Pharaonen haben in der Nähe oder in ihren Gräbern fahrbereite Boote, die sie in das Land der Ahnen bringen sollen zur untergehenden Sonne, unter Führung von Osiris. Wohin in dieser Ecke Afrikas, wenn nicht zum offenen Meer, nach Westen...
In seinem Buch «Enigmes du Maroc»[2] stellt Jean Mazel eine gewisse Identität zwischen den Sitten des Hadramaut, jener Region im äußersten Osten der arabischen Halbinsel, und den Berbern des Atlas fest. Er ist der Ansicht, daß diese Sitten aus Arabien kommen. Wenn sich jedoch die «Berber» – oder ihre Brüder oder Cousins – in Äthiopien befanden und zum Atlas kamen, wäre es einleuchtender zu behaupten, diese Sitten – einige musischer, andere religiöser Art – kämen eher von den Berbern des Atlas.
Dies besagt natürlich nicht, daß eine Rückkehr unmöglich gewesen wäre. Diese Rückkehr in den Westen, und wenn sie auch nur vorübergehend gewesen wäre, hätte alles nach Westen und darüber hinaus an die Küsten der untergehenden Sonne verlegt.

[1] Martha de Ruspoli: L'épervier divin, Edition Mont Blanc.
[2] Jean Mazel: Enigmes du Maroc, Editions Robert Laffont.

Ist es nicht eigenartig, sagt Jean Mazel, daß diese Symbiose 10000 Kilometer entfernt bis in unsere Tage im Hadramaut überlebt hat – Muttererde der Erbauer der Kashbah. Ist das so erstaunlich, wenn man bedenkt, daß die Cromagnoiden des Atlantik bis nach Äthiopien und noch weiter zogen – davon liefert ihr Blut den Beweis.

Diese Menschen des Hadramaut, die Himyariter, deren Namen «Die Roten» bedeutet, sind zweifelsohne die Ahnen der ersten Phönizier (vom griechischen Wort phoenike = rot). Sie wanderten in sehr alter Zeit am Roten Meer entlang, dem sie ihren Namen gaben, und setzten sich in jenem Gebiet fest, das Phönizien, heute Libanon, heißt. Sie sind zusammen mit den Kretern – die die Ägypter übrigens ebenfalls «Die Roten» nannten – die ersten Seeleute des östlichen Mittelmeeres. Zumindest die ersten bekannten. Auch sie haben noch einen großen Prozentsatz der Blutgruppe 0.

Ihre Schiffe brachten sie in den westlichen Teil des Mittelmeeres, ließen sie die Säulen des Herkules passieren und auf die Kanarischen Inseln gelangen. Mit Tarschisch, dem Tartessos der Römer, beginnen ihre Spuren, die nach Galizien und in die Bretagne bis zu den Kassiteriden führen. Das sind Fahrten, die andere Seeleute des Mittelmeeres mit Schrecken erfüllt hätten. Sie kamen vielleicht an die Orte zurück, die im Dunkel der Zeit liegen und von denen ihre Vorfahren ausgegangen waren.

Das ist vielleicht falsch, aber es würde erklären, warum sich ihr Alphabet von Zeichen abzuleiten scheint, die in die Steine von Alvao gehauen sind und in die Felsen, die ganz in der Nähe von Santiago de Compostela liegen, die eher als ihr eigenes Alphabet entstanden sind!

Wie dem auch sei, die Äthiopier haben cromagnoides Blut und die dreihundert ersten Pharaonen der Vordynastien waren Äthiopier...

Außerdem gibt es noch auf einer der großen Nomadenstraßen durch die Sahara diese Zeichnungen, die aus der neolithischen Zeit stammen; Zeichnungen, die man nur sehr schlecht den einfachen Hirten zuordnen kann. Natürlich haben auch die Hirten ihre Zeichnungen hinterlassen. Aber zwischen diesen und den Zeichnungen von Fezzan gibt es künstlerisch so viele Unterschiede wie zwischen den Zeichnungen von Altamira oder Lascaux und den Versuchen der Jäger, die manchmal Menschen ohne Gleichgewicht ritzten...

Wer tat solches? Für Frau Zumlanska[1] sind es die Berber oder Guanchen, die Ägypten bei Abydos einnahmen und dort ihre Kunst und ihre Herrschaft begründeten.

Ich tendiere zu der Auffassung, daß es sich in der Tat um Atlantiker handelte, aber ich glaube, zu jener Zeit war die ägyptische Kultur schon gefestigt... Und die Viehhirten der Sahara hatten noch eine Ebene oder fruchtbare Hügel, um ihre Herden weiden zu lassen, und nicht eine Wüste, wie die heutige Sahara.

Ich habe mit den mir zur Verfügung stehenden Informationen einen «Überblick» über die Cromagnoiden mit Blutgruppe 0 in der Alten Welt gegeben – was ein Pleonasmus zu sein scheint. Ich bin nicht in der Lage zu untersuchen, ob dieselben Cromagnoiden sich in Amerika finden lassen... Obwohl Robert Charrous Filme von mexikanischen Dolmen gezeigt hat, die zu denken geben; auch einige Indianerstämme

[1] Origines atlantiques des premiers Egyptiens, Edition Omnium littéraire.

Amerikas sollen eine starke Vorherrschaft des Blutes 0 aufweisen.
Wie dem auch sei, wenn man für die alte Welt die Karten über die Verteilung dieser Blutgruppe heranzieht, findet man dort irgendwie Epizentren der Verteilung. Am Anfang: zwei Gebiete; vielleicht drei. Ein Gebiet Pyrenäen-Aquitanien, in dem man zweifelsohne den westlichen Teil der Iberischen Halbinsel einschließen kann. Ein Gebiet Kanarische Inseln-Atlas. Und – aber das ist vielleicht das Ergebnis einer späteren Einwanderung – der Westen der Britischen Inseln: Westküste Irlands, Wales und Schottland.
Hält man sich an das Alter des primitiven Cro-Magnon – den man meiner Ansicht nach ein wenig zu alt gemacht hat und der vernünftigerweise ins Alter der Höhle von Pataud, das heißt rund 15 000 Jahre vor unsere Zeit gelegt werden sollte –, finden wir, daß diese Menschen aller Wahrscheinlichkeit nach im Raum Pyrenäen-Aquitanien gesessen haben, und man kann sich vorstellen, daß dies auch für das Gebiet Kanarische Inseln-Atlas gilt.
Breiten sie sich aus? Wahrscheinlich. In Europa haben sie eine Rasse neben sich, die noch viel älter ist: die Abkommen des Menschen von Combe-Capelle, der wahrscheinlich sehr viel später die Iberer, die Ligurer und die Kelten entstehen ließ. Die Cromagnoiden aber – Invasion oder einfache Durchdringung? – ziehen sich entlang der Küste bis nach Ligurien (man fand Cromagnoide in Monaco, in der Grotte von Grimaldi, immer noch vor der Sintflut des neolithischen Hiatus).
Erinnern wir uns! Eine alte Erzählung Platons, der sie von Kritias erhielt, dem sie sein Großvater erzählt hatte, der alte

Solon, der sie selbst von einem alten ägyptischen Priester von Sais gehört hatte... Diese Geschichte erzählt also von der Invasion von Menschen, die von einer Insel im Atlantik kamen und die Europa von Mittelitalien und Afrika bis nach Ägypten beherrschten.

Und dies war vor der Sintflut, die diese geheimnisvolle Insel Atlantis verschwinden ließ... «die vor der größten Zerstörung durch die Wasser bestand»[1].

[1] Platon: Timaios. Übertragen von Rudolf Rufener. Sämtliche Werke Band VI. Artemis Verlag.

11

Eine alte Erzählung

Ist diese Annahme so absurd?
Man wird mir vorwerfen, mich auf das weite Feld der vorgeschichtlichen Spekulation zu begeben. Ist jedoch nicht jeder Versuch des Prähistorikers ein wenig Spekulation?
Man kennt Atlantis natürlich nur durch Platon oder genauer durch die Überlieferung einer Erzählung, die der alte Solon von einem ägyptischen Priester hörte und die Platon wieder aufwärmte.
«Damals konnte man nämlich das Meer (den Atlantik) dort noch befahren; denn vor der Mündung, die ihr in eurer Sprache die Säulen des Herakles nennt, lag eine Insel, und diese Insel war größer als Libyen (Nordafrika) und Kleinasien zusammen. Von ihr gab es für die Reisenden damals einen Zugang zu den anderen Inseln, und von diesen auf das ganze Festland gegenüber rings um jenes Meer, das man wahrhaft so bezeichnen darf… Auf dieser Insel Atlantis nun gab es eine große und bewundernswerte Königsherrschaft, die sowohl über die ganze Insel als auch über viele andere Inseln und über Teile des Festlandes ihre Macht ausübte; zudem regierten diese Könige auf der gegen uns liegenden Seite über Libyen, bis gegen Ägypten hin, und über Europa bis nach Tyrrhenien (Mittelitalien).»[1] Aristoteles, Schüler Platons, der diesen of-

[1] Platon: Timaios. Übertragen von Rudolf Rufener. Sämtliche Werke Band VI. Artemis Verlag.

fensichtlich verabscheute und es auch gar nicht verheimlichte, beschuldigte ihn, diese geheimnisvolle Insel inmitten des Atlantik erfunden zu haben, um unter diesem Deckmantel seine Ideen vom idealen Zusammenleben der Menschen auf der Erde publik zu machen... Es ist natürlich gut möglich, daß Platon die Form dieses Miteinander der Menschen dieser Insel erfunden hat. Aber es ist ausgeschlossen, daß der griechische Philosoph auch die Inselgruppe der Antillen und den amerikanischen Kontinent erfunden hat, deren Lage in seiner Erzählung genau beschrieben ist.

Seit Aristoteles weiß jeder, daß es untersagt ist, Atlantis ernst zu nehmen. Alle Gläubigen mußten es glauben. Man muß verstehen, daß weder der jüdische noch der christliche Klerus eine Geschichte akzeptieren konnte, die vor der Bibel lag.

Trotz einzelner gegenteiliger Versuche schlug die moderne «Wissenschaft» diesen Weg um so lieber ein, als es eine Art imperatives Mandat gab, wonach Rassen, Sprachen und Kultur aus dem Orient kommen mußten.

Seither tummelten sich auf dieser geheimnisvollen oder mystischen Insel Atlantis alle Genies des vergangenen Jahrhunderts, die – da Platon ihnen nicht mehr genügte – ihr eigenes Atlantis mit Hilfe von Behauptungen schufen, die sie aus übersteigerten Phantasien ableiteten. Das jetzige Jahrhundert hat noch einige hinzugefügt, allerdings nach Art der neuen Zeit. Hörte man nicht erst kürzlich in einer Radiosendung, in der Historiker und Naturwissenschaftler hart diskutierten, wie eine zweifellos ein wenig frustrierte Dame behauptete, es handle sich bei Atlantis um ein typisch Freudsches Symbol, beladen mit allen entsprechenden Komplexen... Atlantis, wie es Psychoanalytikerinnen verkauft wurde!

Wer aber hat sich noch nicht mit Atlantis beschäftigt? Eine Engländerin legt es nach Andalusien, was nur relativ gesehen atlantisch ist. Eine ihrer Landsmänninnen legt es nach Kreta (auch sehr atlantisch) und verwechselt die Sintflut von Santorin (1200 vor Christus) mit der großen Sintflut. Ein Deutscher möchte es gerne in Afrika sehen, ein anderer in der Ostsee. Andere wiederum legen es noch weiter in den äußersten Norden, wo es im 2. Jahrtausend bestimmt sehr warm war ... Und viele, viele mehr ... Man wird sicher verstehen, daß ich ein wenig zögere, in diesen Chor einzustimmen!

Man kann diese Insel aber auch nicht einfach verschweigen. Ihre Existenz in vordiluvialer Zeit brächte logische Lösungen für Probleme, die bisher noch bestehen. Wäre es auch die frühe Überquerung des Atlantik durch einige Arten von Euro-Afrika nach Amerika oder das Auftauchen des Cro-Magnon und seine Verbreitung an der gesamten euro-afrikanischen Küste des Atlantik.

Sollte es diese Insel wirklich gegeben haben, so ist klar, daß sie atlantisch war, wie es Platon behauptete, im Meer zwischen der Meerenge von Gibraltar, östlich der Antillen und des Kontinents, der sich jenseits des Atlantik befindet. Außerdem läge sie südlich genug, um den fürchterlichen Folgen der Würm-V-Eiszeit im Norden entgangen zu sein.

Konnte eine solche Insel existieren? Ich meine geologisch? Alle Diskussionen wären sinnlos, wenn sich die Fragen nach ihrer Existenz an einer geologischen Unmöglichkeit stießen.

Es scheint, daß die sogenannte Wegenersche Theorie oder die Theorie von «der Entstehung der Kontinente» im weitesten Sinne auf diese Frage Antwort gibt. Diese Theorie wird heute allgemein von den Geologen und Vulkanologen anerkannt... Und die Beweise für ihre Gültigkeit häufen sich. Wegener hatte bemerkt, daß der Verlauf der Westküste Europas und Afrikas mehr oder weniger genau der Ostküste Nord- und Südamerikas entsprach. Wenn man sie einander nähert, ist es möglich, sie fast lückenlos aneinanderzufügen. Man nahm an, daß diese beiden Kontinente in früher geologischer Zeit eine Einheit bildeten und langsam auseinanderdrifteten und zwischen sich den heutigen Atlantik schufen. Diese Theorie beschränkt sich nicht nur auf diese beiden Kontinente. Aber nur sie sollen uns im Augenblick interessieren. ... Man hat tatsächlich festgestellt, daß sich Amerika und Europa/Afrika voneinander entfernen; sehr wenig, aber stetig. Man sollte meinen, diese Tatsache schließe jede Möglichkeit einer so großen Insel mitten im Atlantik aus, der man nirgendwo einen Platz zwischen den sich trennenden Küsten zuordnen konnte. Das Auseinanderbrechen der Kontinente bewirkt jedoch einige vulkanische Phänomene.

Betrachtet man die Dinge, so gewinnt man den Eindruck, als ob die Kontinente zwei feste Schollen wären, die auf dem Zentralmagma der Erde schwimmen. Da sie lose miteinander verbunden sind, bilden sich Zonen von geringerer Festigkeit zwischen diesen «Schollen». In diesen entstehen Brüche, die zu Klüften führen. Diese Klüfte werden unter dem Druck des Zentralmagmas sofort wieder geschlossen. Entstehen diese Brüche auf dem Land, steigt die Lava nach oben und wir stehen vor klassisch vulkanischen Phänomenen. Wenn diese Brüche jedoch unter dem Meeresspiegel liegen, treten ganz andere Erscheinungen auf. Ist das Meer sehr flach, gelangt die Lava an die Oberfläche und bildet Vulkaninseln. Ist das Wasser dagegen sehr tief, übt es großen Druck aus, der sich der

Ausdehnung widersetzt, und der Bruch wird nur «verstopft». Jeder Verschiebung entspricht ein neuer Lavaausstoß, und die Kontinente driften auseinander, ohne daß diese kontinuierliche Trennung deutlich wird.

Diese «Bruchzone» zwischen Europa/Afrika und Amerika existiert. Sie ist bekannt. Sie wurde in großen Tiefen des Atlantik festgestellt. Sie verläuft von Nord nach Süd und liegt grob gesehen in der Mitte zwischen Ost und West.

Wissenschaftler aus aller Welt haben erklärt, sie seien für alles offen. Da man außerdem Taucherkugeln und andere Geräte zur Erforschung großer Meerestiefen entwickelt hat, wollen sie diese zur Untersuchung der Umgebung dieser großen atlantischen Falte nutzen.

Mit Archimède, der ersten französischen Taucherkugel, hat man zum erstenmal Teile dieser Falte untersucht, die von Pol zu Pol eine Länge von fast 20000 Kilometer hat und die in einem unterseeischen Tal verläuft, das man Rücken nennt und das sich in 2000 bis 3000 Meter Tiefe befindet.

Es scheint – die Unterlagen sind noch nicht alle veröffentlicht – als hätten sich die Dinge unter den Ozeanen so abgespielt, wie Haroun Tazieff sie beschrieben hat. Er ist Vulkanologe und hatte einmal in Äthiopien einen Vulkanausbruch in einer anderen Bruchzone beobachten können.

Im Augenblick liegt der Atlantikbruch in einer Tiefe von 3000 Metern. Für einen Magmaausstoß ist ein erheblicher Druck nötig, das heißt für 3000 Meter Tiefe 3 Tonnen pro Quadratzentimeter... Die Folge ist eine äußerst schnelle Erkaltung der heißen Lava. Es kommt also zu einer schnellen Versteinerung der Lava, so daß sich die Falte sofort wieder schließt.

Wenn die Falte heute auch in dieser Tiefe liegt, so ist es eindeutig, daß dieser Abgrund im Ozean in früherer Zeit nicht existierte. Da auch der Wasserdruck fehlte, konnte sich das Magma nach oben ausbreiten und Vulkane im Meer, das heißt Inseln, schaffen. Man darf nicht übersehen, daß alle ozeanischen Inseln bis zum Golf von Mexiko vulkanische Inseln sind. Das gilt sowohl für die Kapverdischen Inseln, die Kanarischen Inseln, Madeira und die Azoren wie für alle anderen unterirdischen Gipfel, die mehr oder weniger erforscht sind.
Die ersten Brüche erfolgten sicher kurz nach der «Ablösung» der Kontinente. Man darf vermuten, daß die Meere, die sehr flach waren, damals keinen Druck auf diese Lavaausbrüche ausübten, die dann zu Vulkanen – und Inseln wurden.
Als sich die euro-afrikanischen und amerikanischen Küsten nach dieser geologischen Zeit und den vorbeiziehenden Jahrtausenden voneinander entfernten, bildeten die Lavaausbrüche Inseln, die weiter von der Küste entfernt lagen, zum Beispiel Madeira.
Madeira, und sehr wahrscheinlich eine noch größere Insel...
Es gibt in der Nähe des amerikanischen Kontinents Inseln oder Hochflächen in Form von Kegeln über den großen Tiefen des Atlantik (bis 4000 Meter und darüber), die Reste dieser Lavaströme sind, ehe sich die Bruchlinie so verschob, daß sie den heutigen Antillen entspricht.
Vulkanische Böden sind im allgemeinen jedoch weder sehr stabil noch sehr hart, vor allem wenn sie auf einem Grund ruhen, der ständig mehr oder weniger in Bewegung ist. Außerdem ist Lava häufig sehr leicht (zum Beispiel Bimsstein und Treibsteine rund um Stromboli). Sie ist porös, und die Lavaströme hinterlassen viele Höhlen.

Auch wenn man Poseidon nicht ins Spiel bringt, wird man verstehen, daß Inseln bestanden haben müssen, sogar für sehr lange Zeit, und daß sie infolge der Sintflut verschwanden. Man kann verstehen und auch als vollkommen logisch annehmen, daß – als die nördlichen Gletscher schmolzen und für eine gewisse, bestimmt lange Zeit den Meeresspiegel hoben – unter diesem Druck und durch andere Störungen aufgrund der Änderung des Erdgleichgewichtes poröse Felsen und Höhlen einstürzten und in den Ozeanen untergingen.
Unter diesem Blickwinkel wird das berühmte Atlantis Platons und sein Untergang durchaus glaubwürdig und in allen von ihm beschriebenen Punkten sogar wahrscheinlich... Denn er, der zweifelsohne wenig von Vulkanen oder dem Ozean verstand, hat in Atlantis eine Vulkaninsel beschrieben... Oder er «wiederholt» vielmehr das, was ein anderer wußte.
Gerade diese vulkanische Erde bildete die Berge um die Ebene. Sie haben keine Merkmale wie jene kontinentalen Bergketten, die aus der Faltung der Erde entstanden, zum Beispiel die Alpen oder die spanischen Sierras.
Es ist ebenso normal, daß die Ebene zwischen diesen Bergen, Ergebnis aufeinanderfolgender Eruptionen, früher besonders fruchtbar war. Wenn sich auch die frische Lava nicht zum Ackerbau eignet, so ändert sie doch schnell ihre Eigenschaften und wird zu Staub. Hat sie eine bestimmte Auflösung erreicht, wird sie außergewöhnlich fruchtbar – wie man es in einigen Gebieten der Kanarischen Inseln feststellen kann...
Als nun Platon die Hauptstadt Poseidon mit ihren drei Gürteln aus Erde und Wasser beschrieb, berichtete er auch von den runden Kratern drei aufeinanderfolgender Ausbrüche

aus ein und demselben Schlund. Es folgte ein zweiter, schwächerer in dem alten Krater und schließlich noch ein dritter, der nur einen Kegel «aufsetzte» und der mit seinem dreifachen Ring wie eine Akropolis aussieht, auf der sich der «Gott» niederläßt, das heißt, der Tempel entsteht (es gibt auf der Insel Las Palmas einen teilweise eingestürzten Krater mit einem Durchmesser von 30 Kilometer, der in diesem Kessel weitere Krater gebildet hat).

Platon spricht auch von vulkanischer Erde, wenn er die beiden Quellen inmitten des letzten Kegels nennt, zwei Quellen, von denen eine heiß, die andere kalt ist. Dieses Phänomen hätte man der Erfindungsgabe des Philosophen zuschreiben können. Für die Bewohner vulkanischer Gebiete wie im Zentralmassiv ist dieses Naturereignis jedoch nicht weiter erstaunlich...

Soll ich noch weitere geographische Einzelheiten anführen, die im Verlauf späterer unterseeischer Entdeckungsfahrten im Atlantik eine große Fülle von Einzelheiten brachten?

Sollte Atlantis bestanden haben, lag es im Atlantik, oder es war nicht Atlantis. Aber wo in diesem weiten Atlantik? Platon legt es gegenüber Gibraltar, wobei die Meerenge bei seinem Untergang überschwemmt wurde... Wenn dies, wie ich es mir vorstelle, dieselbe Sintflut war, die diese Meerenge öffnete[1], dann bedeckte sie die Meerenge mit Schlamm und leichter Lava, die im Meer trieb.

Nördlich von Madeira ist eine Kette unterseeischer Berge, deren höchster Gipfel Ampère nur sechzig Meter unter der Oberfläche liegt. Noch weiter draußen liegen die Azoren,

[1] Vgl. Louis Charpentier: Les Géants et le Mystère des Origines. Editions Robert Laffont.

nicht weit entfernt von der großen Falte, die den Atlantik von Nord nach Süd durchzieht... Es gibt noch andere unterseeische Berge weiter im Westen, Berge, denen ein poetischer Geograph die Namen Atlantis (–105), Platon (–213), Cruiser (–160) und Great Meteor (–205) gegeben hat. Great Meteor befindet sich genau auf derselben Breite wie die Kanarischen Inseln, die Gipfel sind mit 3000 bis 4000 Metern relativ hoch. Ich behaupte nicht, sie seien Reste von Atlantis; zumindest aber Zeugen der Vulkantätigkeit zu jener geologischen Zeit, als sich die Kontinente voneinander entfernten und als sich die große Falte nach Westen verschob.

Ich behaupte nicht, es habe Atlantis gegeben, sondern nur, daß es vielleicht dort war. Zieht man all diese Bedingungen in Betracht, wäre es unwissenschaftlich und unlogisch, seine Existenz ohne weiteres zu verwerfen, nur weil man voreingenommen ist.

Würde man heute Indizien für die Wahrscheinlichkeit der Existenz von Atlantis und für die Wahrscheinlichkeit seines Nichtbestehens gegeneinander abwägen, neigte sich die Waage sicher zugunsten seiner Existenz... Und wäre es auch nur wegen dieser Art Brücke, die zwingend zwischen Afrika und Amerika bestanden haben muß, damit bestimmte Arten den Übergang auf beide Kontinente gefunden haben können.

Die Sintflut, von der Platon erzählt und die die Insel Atlantis in den Wassern hat untergehen lassen, muß stattgefunden haben (ob diese Insel nun bestanden hat oder nicht), und sie muß auch ziemlich schrecklich gewesen sein. Gerade daran erinnern sich fast alle Mythologien der Welt, angefangen von der Genesis bis zum Gilgamesch und den Legenden der Vorläufer der Inka. Sie lassen fast alle die gesamte Menschheit un-

tergehen. Der Priester von Sais, Vertrauter von Solon, gab sich mit der Behauptung zufrieden, da er wahrscheinlich besser informiert war, daß nur die Bergbewohner vor den Wassern geschützt waren, als die große Flut kam.
Auch dies sei noch gesagt. Der Priester von Sais legte den Untergang von Atlantis durch die Sintflut in das 9. Jahrtausend vor unserer Zeit, und gerade in dieser Zeit ereignete sich am Ende der sogenannten Würm-V-Eiszeit der berühmte neolithische Hiatus, der die Zivilisationen in den Höhlen zunichte machte.
Könnte nicht schließlich die Erzählung Platons das Auftauchen der Cro-Magnon-Rasse erklären – die man von keiner westlichen oder östlichen Rasse ableiten kann – und deren häufigstes Auftreten man bis heute entlang der atlantischen Küste, von den Kanarischen Inseln, dem Atlas, Südportugals, der Kantabrischen Küste, den Pyrenäen, der Gascogne, der Normandie, der Ostsee, Norwegens und aller Inseln westlich der Britischen Inseln feststellen kann.
Man sollte auch nicht die Legenden vergessen, die nicht unbedingt Kindergeschichten sind und die die «Welt der Toten» der cromagnoiden Völker auf die atlantischen Inseln legen. Oder andere Legenden, die die Wissenschaft der Druiden aus einem Erbe der Atlanter entstehen lassen.
War es nicht das Tor zu den Reichtümern der Atlanter, das der Berber Anteus gegen Herkules verteidigte, als er ihm den Weg zum Garten der Hesperiden verbot. Der Riese Anteus, dessen Name vielleicht einfach nur das baskische Wort *handi* = groß ist.
Fügen wir als Kuriosität noch hinzu, daß das Meer *itsas* ist und die Sintflut für die Basken *itse.*

12

Vorgeschichtliche Spekulation

Die Tatsache, daß Atlantis existiert haben *könnte* wie heute noch Madeira, die Azoren und die Antillen, läßt den *Mythos* von Platon durchaus logisch und glaubwürdig erscheinen. Wie es auch um die Insel selbst und ihre Existenz bestellt sein mag, es ist möglich, daß dieser *Mythos* auf die Überlieferung einer früheren Invasion Europas und ganz Nordafrikas durch ein atlantisches Volk hinweist.

So sagte Evhémère, die gesamte griechische Mythologie sei nur eine Anpassung sehr alter Geschichten, und die Namen der Götter seien die Bezeichnung von Herrschern oder Eponyme verschiedener Völker, die in vorhistorischer Zeit miteinander gekämpft und sich vermischt hätten...

In der Geschichte Platons ist Poseidon, der Gott des Meeres, auch der Gott von Atlantis. Er ist zumindest der Urahn der Könige, die die Insel regieren. 6000 Jahre nach der Sintflut nennt Homer Poseidon den «Weltzerstörer» und stellt damit eine Verbindung zu Überschwemmungen, Erdbeben und Vulkanen her – die Basken gebrauchen dieselbe Sprachwurzel für die Sintflut und das Meer.

Überlieferung oder «Urerinnerung» an eine Verbindung zwischen dem Meer (vor allem dem Atlantik) und den Erdbewegungen? Die Sache könnte unter diesem Blickwinkel untersucht werden.

Wie es auch um die Glaubwürdigkeit der Erzählung Platons bestellt sein mag, so weisen doch die geologischen und menschlichen Tatsachen Übereinstimmungen mit dieser Erzählung auf, die uns nicht gleichgültig lassen können, wenn sie auch nicht absolut klar sind. Zu vordiluvialer Zeit, das heißt im Mesolithikum, läßt Platon die Menschen des Atlantik auf den europäischen und afrikanischen Kontinent kommen. Genau zu jener Zeit erscheint zumindest auf dem europäischen Kontinent der Cro-Magnon. Die Versuchung ist groß, diese beiden Fakten miteinander in Verbindung zu bringen. Sie ist um so größer, als sich Abkommen dieses Cro-Magnon genau an den Plätzen ausbreiten, die Platon als Ausbreitungsgebiet eines Atlantikvolkes bezeichnete.
Man kann noch weitergehen. Diese Cromagnoiden setzen sich fest – und bleiben dort – entlang der Küsten des Atlantik, der Kanarischen Inseln und des Atlas bis nach Irland und zu den Hebriden. Wenn es keine Atlanter sind, sind es Atlantiker.
Außerdem ist es zumindest für Europa praktisch unmöglich, für diese Cromagnoiden anthropologische Vorfahren in den Völkern zu finden, die aus der Schicht von Combe-Capelle hervorgegangen sind und die einige Jahrtausende vor ihnen in diesen Gebieten hausten. Es sind also Eindringlinge, die von anderswo kommen – und zwar nicht aus dem Orient, das beweist ihr Blut. Es sind Menschen des Westens, und Westen bedeutet Atlantik – alles führt auf diese Feststellung zurück.
Da man in späterer Zeit vor der Sintflut des neolithischen Hiatus Cromagnoide an den Rändern des Mittelmeeres sowohl im Norden wie im Süden findet, müssen sie in den Orient gezogen sein. Und genau das hat doch Platon gesagt,

oder nicht? «Auf der gegen uns liegenden Seite (das heißt zum östlichen Mittelmeer) regierten sie (die Könige von Atlantis) über Libyen, bis gegen Ägypten hin, und über Europa bis nach Tyrrhenien (Etrurien).»

Also dringen diese Neuankömmlinge in Europa ein. Es ist zu spät, sich vorzustellen, ob es eine bewaffnete Invasion oder eine einfache Infiltration in Gebiete war, in denen fast keine Menschen lebten.

Zieht man alle Faktoren in Betracht, steht man nicht mehr vor Legenden oder unkontrollierbaren Erzählungen, sondern vor Tatsachen, die die moderne Wissenschaft nachgewiesen hat. Die Existenz einer Insel Atlantis und die Wanderung von Bewohnern dieser Insel nach Europa und Afrika sind ebenfalls durchaus glaubwürdig. Das setzt natürlich die prädiluviale Existenz von Seeschiffen voraus.

Die Beschreibung, die Platon von der Gesellschaftsordnung von Atlantis gibt, ist natürlich mit sehr viel mehr Vorsicht zu genießen. Es kann nicht ausgeschlossen werden, daß Aristoteles deshalb Platon vorwarf, die Erzählung «Atlantik» von Solon benutzt zu haben, um in Legendenform seine Ideen über die Gesellschaftsordnung darzulegen, von der er träumte. Das muß aber nicht unbedingt ausschließen, daß die Erzählung des ägyptischen Priesters von Sais nicht vielleicht doch einen Hinweis auf die Existenz einer höheren Kultur auf einer Insel Atlantis gab, die im Augenblick der Sintflut unterging.

Für mich persönlich ist es ausgeschlossen, daß die Zeichnungen von Lascaux, Ekain oder Altamira unterentwickelten Stämmen zuzuschreiben sein sollen; oder daß der Transport von Megalithen und das ausgewogene Gleichgewicht der Dolmen – nicht zu sprechen von ihrer Qualität – von Menschen bewerkstelligt wurde, die überhaupt keine Technik kannten; daß die Markierung von Parallelen auf der Erdoberfläche, die zu den vom Meer überfluteten Tälern der Bretagne und Cornwalls führen, von einfachen Auerochsjägern erstellt werden konnten...

Soll die baskische Sprache, deren Wurzeln auf die Eiszeit zurückgehen, ihre wissenschaftliche Syntax vielleicht einem Stamm von Hirten verdanken?

Schließlich gibt es noch diese Errungenschaft, die wir immer noch unser eigen nennen: die Viehzucht und zweifelsohne der Ackerbau. Sie können doch nicht spontan entstanden sein...

Außerdem scheinen diese cromagnoiden Vorfahren eine wunderbare Kenntnis der Dinge der Erde besessen zu haben. Sowohl von ihren tiefen wie auch oberflächlichen Strömungen, die durch Megalithen dargestellt werden, deren Transport und Errichtung technische Probleme aufwarfen, die noch immer nicht gelöst sind...

Ich rechne diese Megalithen den Cromagnoiden zu, weil ihr Standort geographisch mit einer großen Dichte Cromagnoider der Blutgruppe 0 zusammenfällt. Das gilt nicht nur für das atlantische Westeuropa, sondern auch für die Küsten des Mittelmeeres und die Inseln in diesem Meer.

Natürlich gibt es nicht nur an diesen Orten Cromagnoide (außer im Baskenland, wo sie seit ihrer Ankunft allein geblieben sind). Vor ihnen gibt es schon eine Bevölkerung in Europa, eine Bevölkerung, die sich vielleicht aus unterschiedlich entwickelten Abkommen des Menschen von Combe-Capelle herleitet, der ebenfalls ein *Homo sapiens* von kleinem Wuchs war, der Urvater der Iberer, Ligurer, Kelten und Lappen.

Wir wissen nicht, welche Beziehungen zwischen den verschiedenen Rassen bestanden, zweifelsohne bekriegten sie sich und mischten sich trotz ihrer unterschiedlichen Größe. Die Abkommen des Cro-Magnon müssen wie Riesen erschienen sein.

An dieser Stelle taucht nun das Problem der Riesen auf. Alle Überlieferungen oder Kindergeschichten sprechen von diesen legendären Riesen. Es gibt einen in dem gallischen Märchen von Tristan und Isolde, der Morgunt heißt, der «Riese der Meere». Ein anderer ist Gargantua, der in den Volksmärchen Galliens vorkommt und dessen alter Name «Riese des Steins» bedeutet haben kann. Als Herkules nach Westen kam, mußte er seine Schlachten gegen Riesen führen: gegen Anteus (im Baskischen *handi* = groß), auf dem Weg zu den Hesperiden gegen Geryon (im Baskischen *garion* = guter Weizen), von dem er Rinder auf einer Insel im Westen stehlen wollte, gegen Cracus (im Baskischen *kako* = Dieb), der sie ihm bei seiner Rückkehr seinerseits wieder stehlen wollte.

Später findet Odysseus in seiner Grotte den Riesen Polyphem, einen Zyklopen, aber auch Sohn des Poseidon (Gott von Atlantis)... Die Menschen von Cro-Magnon waren wirklich Riesen für die kleinen Iberer oder die kleinen Ligurer... Es ist möglich, daß diese Annahme zufällig ist.

Das Wort Zyklop ist griechisch. Es bedeutet «rundes Auge» und nicht «einziges Auge», wie Polyphem bei Homer. Es handelte sich sehr wohl um einen Riesen. Man hat die Gewohnheit beibehalten, bestimmte sehr große Bauten als zyklopisch zu bezeichnen, was vielleicht nicht nur ein literarischer Ausdruck ist.

Neben ihrer Beziehung zum Meer kann man feststellen, daß die Cromagnoiden sich entgegen der Art der meisten Rassen, die aus dem Combe-Capelle-Menschen hervorgingen und die sich vor allem zu den Seen hingezogen fühlten, wenn nicht hohe Berge, so doch hohe Hügel bevorzugten. Die Iberer scheinen zum Beispiel Seen und Moore vorgezogen zu haben, die einst die Ebenen im Département Manche bildeten. Auch ihre Cousins, die Ligurer, besetzten die «ligustischen» Seen des andalusischen Spanien. Herkules traf die Ligurer im riesigen Seengebiet, das später zu Crau und Bouches-du-Rhône wurde. Die Kelten bevölkerten die flacheren Gebiete Mitteleuropas von Mazedonien bis zur Ostsee. Die ersten Kelten, die in Gallien zu Beginn des 2. Jahrtausends vor Christus auftauchten, ließen sich als Piktonen in der Umgebung des Marais Poitevin nieder...

Im Lichte der Forschungen der Anthropologie und vor allem der Hämatologie scheinen zahlreiche Behauptungen über die Vorgeschichte und sogar über die Geschichte «revidiert und korrigiert» werden zu müssen.

Es ist zum Beispiel wenig wahrscheinlich, daß die Kelten oder ihre Cousins, die Germanen, vom iranischen Hochplateau kamen – und damit Arier sind. Die Blutgruppe A europäischen Ursprungs findet sich bei den Balkanvölkern, während das iranische Hochplateau ein «Reservat» der Blutgruppe B ist, das heißt asiatisch. Man hat sich vielleicht zu sehr auf den berühmten asiatischen Ursprung bei den Sprachforschungen verlassen – beginnend mit dem Sanskrit, müßte auch der Ursprung der Sprache noch einmal neu erforscht werden.

Vom Balkan kamen die «hellenischen Kelten», die Ionien und dann Griechenland überfielen; vom Balkan kamen die Kelten, die zwischen 1800 und 1200 vor Christus Gallien und die Britischen Inseln heimsuchten; aus dem Ostseeraum ka-

men die Kymrer, die zwischen 500 und 300 vor Christus in Großbritannien und Belgien einfielen.
Im Westen kann man asiatisches Blut in Preußen und Sachsen ermitteln, und dorthin kam es zweifelsohne später.
Wenn man bei den Cromagnoiden ihren Hang zum Meer auch verstehen kann, da die Erde der Vorfahren im Westen lag – ein Gedanke, der sie nie verläßt –, ist ihre Liebe zu den Bergen, die sich ebenfalls überall zeigt, weniger verständlich. Lag der Grund darin, daß ihr erstes Einwanderungsgebiet jene frühere Bucht der Gascogne war, die heute verlandet ist und zwischen den Pyrenäen und dem Zentralmassiv liegt? Oder war es die Furcht vor der enormen Flutwelle, zweifellos eine Erinnerung, die durch die Überlieferung und die Erinnerung an die Vorfahren wachgehalten wurde und gegen die man sich nur retten konnte, wenn man auf die Berge stieg? Oder war es die Erinnerung an einen heiligen Berg, wo die Götter des Himmels den Menschen nahe waren? Die Guanchen hatten zum Beispiel sehr dekorative Muster, die sie gerne für ihre Töpfereien verwendeten und die drei Dreiecke darstellten, in denen man leicht die symbolische Darstellung der drei Berge wiederfindet... oder drei Pyramiden.
Falls man nicht einen besonderen Fund macht, der die Frage lösen könnte, ist es fast unmöglich, zu erfahren oder auch nur zu ahnen, wie sich die Cromagnoiden im Westen ausgebreitet haben.
Beginnt mit der Ankunft der ersten «Immigranten» das Auftauchen der Megalithen? Ein Problem, das noch immer gelöst werden muß und bis heute ungelöst ist – ebenso wie die Frage der Zeit des Baus der sogenannten zyklopischen Ringe.
Man hat jene enormen Steinblöcke, die Dolmen, Menhire

und Megalithen, deren Ursprung häufig unbekannt ist, immer in dieselbe Zeit gelegt. Nichts beweist, daß diese Bauten aus derselben Epoche stammen. Außer daß sie gleich massig sind, könnten sie ebensogut überhaupt keinen Bezug zueinander haben.
Der Menhir, den man immer in die Dolmenzeit legt, ist ein Monument aller Zeiten, sogar der heutigen, in der «senkrechte Steine» gar nicht so selten sind (Platon erzählt, daß auf Atlantis die «Könige» nach ihren Versammlungen in den Gärten des Poseidon-Tempels einen Stein errichteten). Auch die Gallier errichteten während der Versammlung ihrer Häuptlinge, der «Brenns», den Versammlungsstein. Es gibt daher ein ganzes Feld davon am heiligen Ort ihrer Versammlungen in Saint-Gondon: in Sulias, wo es ebenfalls Dolmen gibt (Lion en Sulias).
Die Dolmen stammen aus einer sehr genau umrissenen Zeit (wenn sich die Prähistoriker nicht geirrt haben), die wahrscheinlich nicht über das Jahr 4000 vor Christus hinausgeht. Welche Kriterien soll man anführen, um das Alter der Megalithen zu bestimmen? Wie alt sind jene riesigen, behauenen Steine, etwa im Wald von Fontainebleau – oder jene gigantische Gans auf dem Plateau von Sidobre – die manchmal ausbalanciert sind und in sich schwanken? «Steine, die sich drehen», alle jene enormen Blöcke, an denen der Mensch bestimmt gearbeitet hat? Bisher gibt es keinen Anhaltspunkt.
Man hat ein wenig voreilig aufgrund einiger sehr theoretischer Überlegungen des 19. Jahrhunderts angenommen, daß «das Bessere» zwangsweise später liegen muß, da die Technik vorher gröber war. Das hat natürlich seine Logik, wenn man annimmt, daß die Menschheit an Perfektion im Laufe der

Zeit gewonnen hat. Allein, in der Geschichte der Menschheit ist nichts logisch, zumindest nicht im Sinne des menschlichen Geistes und der Theorien, die daraus hervorgehen.

Ein solches System würde zu der Behauptung führen, daß die griechische Kultur und ihre Architektur – obwohl sie vor dem frühesten Christentum lag – geringer zu bewerten ist als die Bauwerke dieser Zeit. Wenn die Unterlagen nicht das Gegenteil bewiesen, hätte man sicher schon lange behauptet, die griechische Kultur liege später als die meridionalen Bekreuzigungen...

Wenn man von vornherein davon ausgeht, daß die Dolmen so aus rohem Stein errichtet wurden, weil der Mensch nicht wußte, wie er sie bearbeiten sollte, läge jeder behauene Stein gezwungenermaßen später als die genannten Dolmen.

Aber da gibt es ja noch die Rückbildung. Nichts beweist, daß die Megalithen und zyklopischen Mauern nicht vor den Dolmen liegen.

In der Tat ist es noch niemandem gelungen, diese zyklopischen Mauern zeitlich einzuordnen. Es gibt also keinen bekannten Grund, sie ins Neolithikum zu verlagern. Da wir immer noch bei der vorgeschichtlichen Spekulation sind, glaube ich, wäre es angebrachter, sie an das Ende des Mesolithikums zu legen, das heißt vor oder während der letzten Eiszeit, die man Würm V nennt, also vor die große Sintflut.

Spricht man von der Eiszeit, so soll das keineswegs bedeuten, daß alles unter ewigem Schnee lag, sondern nur, daß die Winter länger und kälter waren... Hat man aber auch an die Erleichterung gedacht, die sich für die Menschen der damaligen Zeit beim Transport der großen Steinblöcke ergab, die – vorausgesetzt der Schnee war fest – von den Mammuts auf

einem nicht präparierten Boden viel einfacher gezogen werden konnten?
Es sei auch noch an jene riesige, jetzt unterseeische Mauer auf den Bahamas erinnert, die erst kürzlich entdeckt wurde und die aus sehr gut behauenen Steinen, aus «megalithischen» Steinen, errichtet wurde, und zwar nicht im Meer, sondern auf der Erde, das heißt zu einer Zeit, als der Meeresspiegel weniger hoch war als heute, zum Beispiel während der großen Eiszeit, in der das Wasser aus tropischen Meeren als Poleis abgelagert wurde?
Ich für mein Teil widersetze mich der Ansicht, daß jene Künstler der Felszeichnungen von Altamira und Lascaux unfähig waren, einen viereckigen Stein zu bearbeiten ... Natürlich ist die Bearbeitung eines viereckigen Steins nicht jedermanns Sache. Ich glaube nicht, daß viele Archäologen, die die Kulturen heute einteilen, dazu fähig wären ... Noch viel weniger wäre es ihnen möglich, diese Steine derart zusammenzustellen, daß sie nach mehreren zehntausend Jahren noch intakt sind ... Wenn sie aber nicht vom Menschen zerstört wurden, gibt es die zyklopischen Mauern immer noch.
Das setzt voraus, daß ihre Erbauer Werkzeug besaßen. Warum sollten sie auch keines gehabt haben? Die Tatsache, daß wir es nicht kennen, ist kein Beweis für ein Fehlen. Wir kennen nicht mehr jenes berühmte «aurichalque», von dem Platon spricht, der übrigens ebenfalls dieses Metall nicht kannte. Eine wörtliche Übersetzung des griechischen Wortes, dessen sich Platon bediente, bedeutet «vergoldetes Kupfer». Es ist nicht ausgeschlossen, daß es Werkzeuge aus Kupfer waren, die nach einer besonderen Methode bearbeitet wurden. Wir wissen, daß das Kupfer schon für Werkzeuge benutzt wurde,

ehe die Bronze auftauchte, und wir wissen ebenfalls, daß bestimmte Kupferwaffen eine Härte hatten, die man heute nur mit Stahl vergleichen kann... Aber Kupfer und Eisen oxydieren und verschwinden. Dadurch haben wir kaum eine Chance, nach einigen Jahrtausenden jemals etwas wiederzufinden.

Daher halte ich es für sehr einleuchtend, daß die großen Megalithen wie die von Sidobre, Roches Jaumâtres und viele mehr aus einer vordiluvialen Zeit stammen und daß man sie fälschlich als Zeitgenossen der Dolmen betrachtet... Zusammen mit jenen Monolithen, die bearbeitet wurden, gibt es zyklopische Mauern in Frankreich zum Beispiel auf dem Berg Sainte-Odile in der Nähe von Straßburg (Ausgangspunkt für christliche und früher gallische Pilgerfahrten; noch früher der Weg in den Westen, zum Atlantik, zu der Insel der Toten, der Erde der Ahnen... Ein Weg, der immer noch durch einige Menhire gekennzeichnet ist, die man noch nicht verschwinden ließ...)[1].

Das lenkt die Gedanken auf jene anderen behauenen «Steine» der Sphinx und anderer zyklopischer Bauten, wie die drei Pyramiden von Gizeh...

Sprechen wir also von den Pelasgern.

[1] Vgl. Louis Charpentier: Les Géants et le Mystère des Origines. Editions Robert Laffont.

13

Die Pelasger

Man hat nie richtig in Erfahrung bringen können, wer die Pelasger wirklich waren. Das Lexikon Larousse sagt: «Es ist ein sehr altes Volk, das in prähistorischer Zeit Griechenland, die griechischen Inseln, die Küste Kleinasiens und Italiens besetzt hielt.» Ihr griechischer Name zeigt, daß es Menschen sind, die vom Meer kamen. Aber diese vom Meer gekommenen Menschen im östlichen Mittelmeer konnten nur aus dem Westen kommen (zumindest wenn der Nil mit seinen Ablagerungen damals das Gebiet von Suez noch nicht hätte verlanden lassen, was natürlich nicht ausgeschlossen werden kann).

«Diese primitive Bevölkerung» – ich zitiere immer noch den Larousse – «stellte zweifellos niemals eine Nation dar. Sie wurde gejagt und in relativ neuer Zeit, ungefähr 2000 vor Christus, in die Sklaverei geführt. Dies geschah durch die Hellenen.» Man ist sich im allgemeinen darüber einig – immer noch nach Larousse –, daß die alten Thraker, Phryger, Lydier, Karer, Etrusker, Epirer, Illyrer, Italer (Samniten, Osker und so weiter) und die heutigen Albanier mehr oder weniger vermischte Zweige der Pelasger waren.

Zieht man die Karte über die Verteilung der Blutgruppe 0 jedoch zu Rate, erkennt man, daß man gerade an diesen Stellen wieder diese große Konzentration der Blutgruppe 0 findet. Entlang der Küste von Korsika über Sardinien nach Kreta war die Konzentration übrigens sehr hoch. Wieder diese maritime Vergangenheit...

Platon bezeichnete sie als «göttlich», was bei ihm eine bestimmte Bedeutung hatte. Es ist nicht so sehr mit den Göttern verbunden als vielmehr mit dem Gedanken des «Wissens», der «Weisheit». Sie waren sicher weise, da man sie als außerordentlich friedliebende Menschen kennt... Und da sie friedliebend waren, weiß man nur wenig von ihnen. Denn die Historiker haben immer nur über Schlachten und Siege berichtet...

Sie waren Weise, denn sie hatten um ihre Hauptstädte zyklopische Mauern aus riesigen Steinblöcken errichtet, die unzerstörbar blieben, obwohl sie ohne Zement gebaut waren. Sie waren Wissende, denn sie trieben Ackerbau. Und sie waren sicher Seeleute. Einerseits weil das Wort Pelasge im Griechischen «Mensch des Meeres» bedeutet. Zum anderen weil sie sich auf die Inseln verteilten, auf die man schwerlich ohne Boot kommt.

Sie waren auf Kreta, wo man immer noch eine große Dichte der Blutgruppe 0 findet... Und die kretische Schiffahrt ist eine der ältesten, die in der Geschichte bekannt ist. Sie waren auch in Phönizien und Kanaan (wo noch – wie es scheint – sehr alte Dolmen stehen). Auf einigen Steinplatten auf den Kanarischen Inseln und vor allem auf der westlichsten Insel Hierro findet man noch kretische und phönizisch-punische Schriftzeichen.

Man muß also die oft vertretene Idee aufgeben, daß die Pelasger «Urwikinger» waren, die aus Nordeuropa kamen und sich Griechenlands bemächtigt hätten. Auch die Prüfung der Karten über die Verteilung der Blutgruppen ist in dieser Hinsicht aufschlußreich. Die Blutgruppe 0 ist auf allen Mittelmeerinseln und sogar in Griechenland sehr weit verbreitet, wo man die Blutgruppe A nur mit 20 bis 25 Prozent antrifft. Man muß auch den Gedanken aufgeben, daß diese Pelasger von Asien gekommen wären, denn der Prozentsatz der Blutgruppe B steigt kaum über 5 bis 10 Prozent, während die Blutgruppe 0 65 bis 70 Prozent erreicht.

... Vielleicht war aber auch die hellenische Invasion, die man gerne in der Nähe anderer keltischer Invasionen bringt, von nicht so großer Bedeutung, wie man annehmen möchte, sondern es gab nur einige Eroberer und keine große Invasion.

Die Blutgruppenuntersuchungen enthalten wichtige Informationen. Sie könnten für einige vorgeschichtliche Dogmen zu einem entnervenden Prüfstein werden! Leider ermöglichen diese Untersuchungen außer bei zufälligen Entdeckungen keine genaue zeitliche Einordnung. Man muß weiter bei der vorgeschichtlichen Spekulation bleiben, wie sie bisher mehr oder weniger ehrlich betrieben worden ist.

Wann also sind diese Pelasger, die aus dem Westen kamen, an die Mittelmeerküste gekommen? Zweifellos vor der Dolmenzeit, denn man findet sehr alte Dolmen diesseits des Jordans, natürlich auch in den Bergen, wie es sich gehört; also waren sie vorher da, das heißt zumindest im Neolithikum. Aufgrund der zyklopischen Mauern in Argos und Larissa am ehemaligen Pelasgischen Golf glaube ich persönlich, daß sie einige Jahrtausende vorher dorthin gekommen sind und daß ihre Besetzung der Küstenstriche am Mittelmeer aus einer Zeit stammt, in der infolge der sehr harten Winter in den nördlichen Ländern diese maritime Wanderung in der Eiszeit normal war.

Im Lichte dieser sehr modernen Blutanalysen bekommt eine griechische Legende eine merkwürdige Wirklichkeit: die Legende vom Goldenen Vlies.
Wir kennen die Geschichte von Jason, der mit seinen Argonauten zur Eroberung der geheimnisvollen Widderhaut aufbrach. Diese Eroberung wurde ihm durch die Zauberin Medea an den Ufern des Schwarzen Meeres in den Bergen des Kaukasus ermöglicht. Der Seemann Jason fuhr von Argos, der Pelasgerstadt, zu jenem Ort, wo sich der Kaukasus im Schwarzen Meer spiegelt und wo man einen «Flecken» der Blutgruppe 0 findet, wenig Blutgruppe A und 5 bis 10 Prozent Blutgruppe B.
Wir wissen nicht, was dieses Goldene Vlies bedeutete. Es handelte sich wahrscheinlich um ein Ursprungsdokument, da man zu seiner Eroberung die Hilfe einer Zauberin brauchte. Aber der Sinn ist verlorengegangen. Für uns ist bedeutsam, daß es in diesem Teil des Kaukasus einen «Flecken» mit Blutgruppe 0 von Cromagnoiden gibt, die wahrscheinlich schon sehr früh dorthin kamen. Man kann sich also vorstellen, daß diese Cromagnoiden ein Dokument besaßen, das durch das Goldene Fell symbolisiert wurde, und daß die Pelasger von Argos dieses noch wußten und sich daher viele Jahrhunderte später zu seiner Eroberung aufmachten.
Muß man noch sagen, daß es am Rand des Schwarzen Meeres Berge gibt, und immer noch eine ganze Kolonie Dolmen – man darf diese ganz bestimmt nicht von der Blutgruppe 0 trennen, das heißt von den Cromagnoiden. Da es am Ufer des Schwarzen Meeres im heutigen Bulgarien, also in Thrazien, nur ein einziges Feld von Dolmen gibt, von dem man weiß, daß es pelasgisch ist, möchte ich annehmen, daß es hier

zahlreiche Übereinstimmungen von Pelasgern und cromagnoiden Bevölkerungen des Atlantik gegeben hat, so daß damit meine «vorgeschichtliche Spekulation» vielleicht gar nicht mehr so sehr Spekulation ist.

Dazu sei noch gesagt, daß man einige Bezüge zwischen der kaukasischen und der baskischen Sprache gefunden hat – diese führten manche zu dem Gedanken, der baskische Ursprung liege im Kaukasus.

Es sei noch angemerkt, daß man in dieser Region des Kaukasus einen Fluß Ebro sowie Iberer gefunden hat. Der Regen aber ist im Baskischen *ebri, ibarr* ist das Tal und *ibai* ist der Fluß, der Bach. Was die Iberer betrifft, so hätten die baskischen Linguisten wahrscheinlich schon seit langem bemerken müssen, daß in dieser Sprache Innerspanien = *herribera* ist. *Bera* ist zweifelsohne eine Verformung von *bero* = warm. Das bedeutet, daß *herribera* warmes Land bedeutet. Darin wird man nun leicht Iberien wiederfinden. Entgegen früheren Vorstellungen ist es also gar nicht so erstaunlich, daß man in beiden Sprachen identische Wurzeln findet, die zu demselben Stamm gehören.

Auf eine Sache muß man jedoch immer wieder hinweisen. Alle Reisen erfolgten über das Meer, und zwar nicht mit Kähnen aus ölgetränkten Häuten über Ästen, die – um gute Sicht zu erzielen – die Form von Körben hatten, wie es sie einst mehr oder weniger ausgereift bei den Hochseeschiffen am Euphrat gab. Sie mußten also widerstandsfähig gegen Wind und Stürme sein, das heißt mit massivem Bug und soliden Spanten. Die schweren Planken wurden nicht vom Heiligen Geist, sondern von biegsamen und doch soliden Bolzen gehalten, die also notwendigerweise aus Metall sein mußten... Sie waren nicht von Amateuren gebaut, sondern auf Werften, die mit Werkzeug ausgestattet waren und wo Menschen arbeiteten, die rechnen konnten. Außerdem hatten die Schiffe einen soliden Rumpf.

Und die Pelasger haben sicher all dies gehabt... Und sie haben es die Kreter und Phönizier gelehrt, deren Ahnen sie unter anderem waren. Ist es also so erstaunlich, daß man Spuren dieser kretischen Schiffe in Hierro auf den Kanarischen Inseln wiederfindet und daß man Spuren der phönizischen Flotte in Cadiz, an der kantabrischen Küste, in der Bretagne, auf den Kassiteriden entdeckt hat?

Es scheint erstaunlich, daß sie *wußten,* wo man Zinn finden konnte, aus dem sie ihre Bronze herstellten. Sie hatten es einfach von ihren «Cousins» an der atlantischen Küste erfahren. Alle diese Menschen entlang der Atlantikküste und den Gestaden des Mittelmeeres bildeten eine Familie mit gemeinsamem Ursprung. Natürlich waren sie durch die fortschreitenden Mischungen immer weniger verwandt... Das endete mit Kriegen, zum Beispiel der Eroberung von Tartessos durch die Phönizier beziehungsweise die Punier, ihre Nachfahren...

Ich bin mit den Pelasgern noch nicht am Ende. Es gibt im Baskischen das *pelatch,* das gleichzeitig Zuckerapfel und Falke bedeutet.

Der Zuckerapfel führt uns auf die Insel Avalon, die Apfelinsel der Kelten oder ihrer Vorfahren im Westen. Er führt uns auch in den Garten der Hesperiden, in dem Herkules, nachdem er Anteus oder Atlante (das war ein Berber aus dem Atlas) erwürgt hatte, die Goldenen Äpfel stehlen wollte.[1]

[1] Vgl. Louis Charpentier: Les Géants et le Mystère des Origines. Editions Robert Laffont.

Hört man Falke, muß man an Horus denken. Ein Falke ist etwas Besonderes. Pelatch auch... Während sich die Pelasger an den nördlichen Küsten des Mittelmeeres festsetzten – man kann ihre Spuren anhand der Blutgruppen verfolgen –, gingen andere Cromagnoide bis nach Ägypten und sogar darüber hinaus, da sich ihr Blut auch in Abessinien wiederfindet...

Diese von Platon «erfundene» atlantische Invasion ist also gar nicht so abwegig...

14

Die Pyramiden

Wie wir gesehen haben, gab es nicht nur in Europa Cromagnoide. Es gab sie ebenfalls in Afrika, man findet sie noch heute in den Bergen des Atlas. Es sind die Berber und die Bewohner der Kanarischen Inseln, die man «Guanchen» nannte.

Es ist durchaus möglich, daß sie sich entlang der gesamten afrikanischen Atlantikküste nach Süden, vielleicht sogar bis zum Kap der Guten Hoffnung ausbreiteten (hier ist unbedingt darauf hinzuweisen, daß man im Senegal auch Dolmen gefunden hat). Am Äquator war die große Flutwelle zweifellos besonders verheerend, weil dort das Wasser am stärksten stieg. Dies würde das fast vollständige Verschwinden dieser Cromagnoiden erklären, von denen nur die Fulbe überlebten, diese großen, schwarzen Männer aus Mauretanien, die sich zwar mit vielen Rassen mischten, jedoch nicht negroid sind. Man findet sie auch in Äthiopien, wo die Konzentration der Blutgruppe 0 sehr hoch ist. Man findet dort wie üblich Dolmen, und zwar in den Bergen. Man kann noch hinzufügen, daß man verschiedene gemeinsame Wurzeln zwischen der baskischen und der äthiopischen Sprache festgestellt hat... Und der Indische Ozean ist nicht weit, ebensowenig das Rote Meer... Und es gibt Dolmen in Arabien...

Es sei auch vermerkt, daß es an der indischen Westküste Dolmen gibt. Dort hat man ebenfalls eine bestimmte Dichte der Blutgruppe 0 festgestellt.

Das «Schema» ist immer das gleiche: Meer, Berge, Dolmen, Blutgruppe 0...

Wenn dort unten die Blutgruppe 0 vorkommt, muß sie mit ihren Trägern dorthin gekommen sein, die vom Atlantik entweder auf dem Land- oder auf dem Wasserweg kamen...

Da es sie auch in Ceylon gibt – zahlreiche Dolmen – und auf so vielen anderen Inseln, müssen diese Wanderungen wohl auf dem Seeweg erfolgt sein.

Um jedoch auf weniger weite Wanderungen zurückzukommen, sei gesagt, daß die *Pelatchak* – oder Pelasger – zyklopische Mauern um Argos und Larissa zu einer Zeit bauten, die mir vor dem Neolithikum zu liegen scheint, wo man einen Niedergang des technischen Wissens der Menschen feststellen konnte. Sie brachen riesige Steine und bearbeiteten sie dann in einer uns unbekannten Weise zu jenen großen kubischen Blöcken, aus denen sie Mauern bauten. Es ist auch nicht ausgeschlossen, daß sie es waren, die jene riesigen Steine behauten, die die Wissenschaftler so verwirren und die man in Baalbek im Libanongebirge findet...

Auch die drei Pyramiden in der Ebene von Gizeh bestehen aus Quadern, die in uns unbekannter Weise gefügt sind (wenn man nicht das kindische System Herodots akzeptiert, der an schiefe Ebenen glaubte).

Ich habe großen Respekt vor dem Wissen der Ägyptologen, allerdings weniger vor ihrem kritischen Geist und ihrer Logik.

Als sich die ersten Ägyptologen an das ägyptische Problem machten, entdeckten sie wie alle die Pyramiden. Zunächst einmal jene von Gizeh, drei besonders berühmte, von denen das ganze Altertum wie von einem Weltwunder sprach. Man rechnete sie drei Pharaonen der 4. Dynastie zu, mit griechischem Namen Cheops, Chephren und Mykerinos. Man fand auch andere Pyramiden. In der chronologischen Folge der Pharaonen wurde eine vor, die anderen erst nach den Bauten für die drei sogenannten Gizeh-Pharaonen erstellt.

Man hat also eine Reihe von Pyramiden gefunden. Jede war das Grab eines Pharaos. Bis hierher ist noch alles logisch. Allerdings gibt es keine Gemeinsamkeit zwischen den anderen Pyramiden und denen von Gizeh als die Form.

Die Pyramiden der Pharaonen scheinen ihrer Bestimmung nach wirklich Gräber gewesen zu sein. Es handelt sich um kleine Hügel in Pyramidenform. In diesen findet man mehr oder weniger gut versteckt angelegte Grabkammern, um Plünderung zu vermeiden oder um Plünderer zu täuschen. Der kleine Hügel, die Pyramide, besteht im allgemeinen aus Erde, das heißt aus gebrannten Lehmsteinen ... Dies gilt allerdings nicht für die Pyramiden von Gizeh, die man nicht als Grabhügel bezeichnen kann, sondern als Pyramidenbauten bezeichnen muß. Es sind keine Bauten, die eine mehr oder weniger gute Anhäufung von Steinen oder Erde sind, sondern es wurden behauene Steine perfekt aufeinander abgestimmt und ohne Mörtel aufeinandergesetzt. Kubische Steine, deren Fundament aus parallelepipedischen Blöcken besteht, deren Kanten und Flächen so sorgfältig gearbeitet sind, daß man nicht einmal eine dünne Klinge zwischen sie stecken kann. Außerdem haben diese Pyramiden, und zwar sie allein, einen Schutzmantel.

Andererseits scheint es ziemlich klar zu sein, daß diese Pyramiden in einem Stück erstellt wurden, das heißt nach einem umfassenden Plan, der von Baubeginn an genau eingehalten wurde. Dies gilt aber nicht für die Pyramiden der Pharaonen (ich behaupte, die Pyramiden von Gizeh gehören nicht zu ihnen). Sie zeigen fast alle Verbesserungen, Planänderungen...

Es ist, als hätten die Erbauer, die nach der Geschichte die direkten Nachkommen der Arbeiter von Cheops, Chephren und Mykerinos waren, ihr Talent verloren. Sie kannten anscheinend nicht mehr die Kunst ihrer Großeltern, sondern erinnerten sich vielmehr an frühere Generationen, zum Beispiel an die Kunst der Erbauer der Pyramide Djosers, den man mit seinem Baumeister Imhotep als ersten Pyramidenerbauer ansieht.

Die Erbauer der Pharaonenpyramiden legten ihren Bau zum Beispiel in einem «einfachen Winkel» an, das heißt mit einer Neigung von 52 Grad, eine Neigung, die besonders leicht einzuhalten ist und die man von unten bis oben beibehalten kann... Die Große Pyramide von Gizeh ist in einem «unmöglichen» Winkel gebaut, der auf kein geometrisch bekanntes Gesetz zurückging (heute natürlich bekannt). Die Neigung hängt entweder mit der Zahl Pi zusammen, denn die Höhe der Pyramide verhält sich zu ihrem Umfang an der Basis wie der Radius eines Kreises zu seinem Umfang oder mit Phi, der Zahl des Goldenen Schnitts, wobei beide nahe beieinander liegen. Wir können diese Neigung zwar mit Hilfe der Mathematik berechnen, aber der Bau einer Pyramide ist etwas anderes.

Es gibt so viele andere Dinge, die nicht dem entsprechen, was man über das Ägypten der Pharaonen weiß. Diese Kenntnisse sind zwar schon sehr umfangreich, aber sie reichen noch nicht aus, um zu behaupten, die Ägypter hätten die Große Pyramide von Cheops gebaut (und ich glaube auch nicht die beiden anderen, die allerdings von einer anderen Warte aus noch wissenschaftlicher sind).

Jene Verlängerung des in die Pyramide führenden Ganges soll zum Beispiel auf den Polarstern (theoretisch Norden) weisen. Sie verläuft also parallel zur Erdachse... Und zwar auf dem dreißigsten Grad nördlicher Breite. Die kürzeste Linie von dieser Stelle zum Äquator ist der halbe Radius der Erde... Daher ist der Eingang der Großen Pyramide zweifellos einer der besten Punkte für die Beobachtung und Berechnung der Sterne...

Das ist nicht ganz richtig, wird man mir sagen. Die Pyramide steht nach neuesten Erkenntnissen nicht genau auf dem dreißigsten Breitengrad, obwohl dieser sehr nahe ist, und der «Gang» hat nicht genau eine Neigung von dreißig Grad... Aber der Nordpol ist kein Fixpunkt, der über Jahrtausende feststeht. Die Kontinente verändern sich, es kommt zu Überschwemmungen, die das Erdgleichgewicht verändern und die Rotationsachse folglich aus der Bahn bringen. Nichts hindert uns daran zu glauben, daß man diese Verschiebung mit Hilfe dieses «Observatoriums» ermitteln könnte.

Es ist nicht einzusehen, daß nach drei Generationen Pyramidenbau auf dem Plateau von Gizeh die Nachfolger innerhalb weniger Jahre diese Technik derart verlernt haben sollen, daß sie aus trockenen Backsteinen und anderen Dingen die späteren Pyramiden bauten. Und nun?

Nehmen wir an, daß sich die ersten Dynastien der Pharaonen am Delta niederließen, das zu jener Zeit eine Art Moor gewesen sein muß. Nehmen wir weiterhin an, daß sie dort diese drei Bauwerke fanden, die sie in großes Erstaunen versetzten... Diese Pyramiden waren geschlossen, hermetisch geschlossen. Sie wußten ebenso wie wir sicher nicht, welche Bedeutung sie hatten und wozu man sie brauchte. Die Pyramiden hatten einen Nutzwert, und die Tatsache, daß wir ihn nicht kennen, darf uns nicht dazu verleiten, ihn abzuleugnen oder romantisch anzunehmen, es handle sich dabei um Kunst um der Kunst willen.

Man kann sich vorstellen, daß die Pharaonen, die sich sehr viele Gedanken über den Tod und das Leben nach dem Tod machten, gedacht haben, es handle sich um «Göttergräber» (ein solches gibt es in Frankreich, das «Tombe du Bon Dieu» in der Nähe von Chaise-Dieu). Da zumindest die ersten Dynastien der Pharaonen glaubten, sie seien von «göttlichem» Blut und aus göttlicher Abstammung und da sie sich sogar mit ihrem eigenen Gott gleichsetzten, ist klar, daß das angemessene Grab für einen Pharao natürlich ein Gottesgrab war: eine Pyramide. Er mußte also in einer Pyramide begraben werden, nicht in einer kleinen, sondern in einer echten Pharaopyramide.

Der erste, der solches nach Versuchen mit übereinandergesetzten Erdbrocken probierte, war meines Wissens Djoser, dessen Architekt sich stark machte, ein solches Monument zu bauen... Das wurde ein schöner Haufen aus Erde und Steinen in Pyramidenform. Aber außer in der Gestalt konnten sie sich weder im Wesen noch in der Technik mit denen von Gizeh messen.

Der zweite, der daran dachte, seinen Leichnam göttlich behandeln zu lassen, man kann auch sagen seine Mumie oder seine sterbliche Hülle, war Cheops. Um jedoch eine große Pyramide aus getrocknetem Lehm zu bauen, bedarf es einer immensen Arbeit, vor allem, wenn man nicht einen Architekten wie Imhotep besitzt. Auch ein Pharao konnte während seiner Regentschaft nicht sicher sein, daß das Werk gut zu Ende geführt würde. Es gab natürlich einen Ausweg. Man konnte sich, da die Pyramiden von Gizeh schon fertig waren, ihrer als persönliches Grab bedienen. Und da er als erster kam, nahm er die größte...

Die Ägyptologen geben zu, daß diese Pyramide sofort nach dem Tod dieses Pharaos durch, wie sie sagen, Priester geöffnet wurde, die ihn einbalsamiert hatten. Das ist wirklich sehr schlau, zu wissen, wer die Pyramiden als erster geöffnet hat... Es hätte ihnen jedoch in den Sinn kommen müssen, daß es vielleicht Cheops selbst war, der dieses Bauwerk ohne Ausgang öffnen und der eine Öffnung in die Steine neben die Stopfen aus Granit schlagen ließ, die man beim Bau in den Gang nach oben eingefügt hatte. Diese entspricht nicht jener, die die Araber später geschlagen haben.

Niemand, so scheint es, war erstaunt, daß in dieser Pyramide keine Hieroglyphen waren; außer jenen, die ein gewisser Lepsius aus Deutschland, Konsul von Ägypten, bei seinem Besuch einhauen ließ und die seinen Herrn und Meister – Wilhelm, König von Preußen – verherrlichten. Die Pyramide selbst war mit Hieroglyphen und anderen Zeichen bedeckt, die mit der Außenhaut verschwunden sind. Herodot, der Beziehungen hatte, ließ sie sich 500 vor Christus von einem ägyptischen Priester übersetzen. Man bestätigte ihm, daß es sich um die Zahl der Zwiebeln handle – man gab ihm Zahlen an, die er ehrfürchtig wiederholte –, die die Arbeiter beim Bau verschlungen hätten; Zwiebeln und andere Lebensmittel... Das hätte zumindest die Leser Herodots aufmerksam machen müssen. Es ist klar, daß der Priester die Inschriften nicht lesen konnte und irgend etwas erzählte oder eine Geschichte erfand.

Warum sollte dieser Priester seinen Zuhörer getäuscht haben? Inschriften, die allgemein zugänglich und in Stein gehauen sind, sind nicht geheim ... Wenn man bedenkt, daß Herodot die wörtliche Übersetzung bekam, muß man zugeben, daß die Pyramide nur als statistische Unterlage für den Appetit der Zwangsarbeiter des Pharaos gedacht war!

Es gibt in der Tat noch lesbare Inschriften in der Großen Pyramide. Zeichen in der unteren Kammer. Ein Zeichen zumindest, das in die Decke gehauen ist ... Und das gleiche findet sich in den Petroglyphen Galiziens nahe von Santiago de Compostela wieder. Wir kennen den Sinn natürlich nicht.

Auch am Eingang zum absteigenden Gang, den einst eine Steinschwingtür verschloß, die Professor Pochan [1] so gut beschrieben hat, findet man vier andere Zeichen, die noch nie jemand entziffern konnte, die man jedoch ebenfalls in den Petroglyphen von Santiago wiedertrifft.

Es gibt also durch die Hieroglyphen keinen einzigen Hinweis, durch den sichergestellt ist, daß diese Pyramide zu einer Zeit erbaut wurde, in der die Hieroglyphen Mode waren. Es gibt noch nicht einmal den Namen Cheops in einer «Kartusche» (Oval). Es wäre doch absurd, wenn dieses Bauwerk aus der Zeit stammte, die man uns weismachen will!

Natürlich gibt es Kritzeleien auf den Steinen des Deckengewölbes, diesen riesigen Steinen, die das Dach der sogenannten

[1] Pochan: L'Enigme de la Grande Pyramide. Editions Robert Laffont.

Königskammer bilden... Ich glaube jedoch nicht, daß es einen einzigen ernstzunehmenden Ägyptologen gibt, der mit Sicherheit behaupten will, sie richtig verstanden zu haben... Und die Pyramide wurde zu Cheops Zeiten besichtigt...
Zweifellos ließ Cheops seinen Tempel in der Nähe der Pyramide bauen, was normal ist, da er sie als Grab gewählt hatte. Es ist bestimmt dieser Tempel, für dessen Bau er zwanzig Jahre benötigte. Aber die Tatsache, daß er sich einen Tempel in der Nähe des Grabes bauen ließ, das er sich ausgesucht hatte, bedeutet nicht unbedingt, daß Tempel und Grab Zeitgenossen sind.

Da außerdem die Pyramide einmal geöffnet war, blieb Cheops nicht mehr die erwünschte Ruhe für seine mumifizierten Reste. Es scheint so, als habe er sein Grab unter die Pyramide gelegt, wie es Professor Pochan annimmt.[1]
Nachdem einmal der Anstoß gegeben war, nahm der Nachfolger von Cheops wie sein Vorgänger die größte der beiden restlichen Pyramiden in Anspruch: Chephren, den man auch nicht in seiner Pyramide fand und der zweifellos auch ebenfalls unter ihr liegt. Schließlich der dritte, Mykerinos; er mußte sich mit der dritten und kleinsten zufriedengeben. Auch er lag nicht in seiner Pyramide...
Der Nachfolger hatte keine Pyramide mehr, die er als Grab fordern konnte. Er mußte sich also wohl oder übel eine bauen, und trotz der Geschicklichkeit der ägyptischen Arbeiter begann er wieder dort, wo Djoser aufgehört hatte, nämlich mit Erdhügeln in Form einer Pyramide mit einer Neigung von 52 Grad...

[1] Pochan, a. a. O.

Wenn jedoch, wie ich glaube, die Pyramiden auf dem Plateau von Gizeh lange, sehr lange vor dem Eintreffen der Pharaonen aus Äthiopien errichtet wurden, wird man die Wahl dieses Plateaus vollkommen natürlich finden. Wenn wir uns auch daran gewöhnt haben, Ägypten im Norden mit dem Nildelta enden zu lassen, so ist dies eine neue Vorstellung, die völlig auf die Anspülungen des Flusses zurückzuführen ist. Man kann sie im übrigen berechnen – ungefähr.

Das Delta wurde aus Schlamm gebildet, das der Fluß mit sich trug und ablud. Aber es gab eine Zeit, in der das Mittelmeer bis nach Kairo reichte. Man muß sich vor Augen halten, daß der Schlamm den Boden des Deltas um dreizehn Zentimeter pro Jahrhundert hebt – und es ist eindeutig, daß dieser Wert höher war, als der Nil noch jünger war.

Die augenblickliche Höhe des Nils liegt bei Niedrigwasser 12,25 Meter über dem Spiegel des Mittelmeeres. Also kann man annehmen, daß das Meer bis Kairo reichte, das heißt bis zum Fuß des Plateaus von Gizeh vor 9000 bis 10 000 Jahren. 10 000 Jahre, das heißt mindestens 8000 Jahre vor Christus. Das wiederum heißt zum Zeitpunkt des neolithischen Hiatus... Aber die Leute, die die Pyramiden von Gizeh erbauten, waren Seeleute. Es scheint auch nicht, daß sie wie ihre Nachfahren Süßwassermatrosen waren. Es ist auch nicht erstaunlich, daß man «Reserveschiffe» in der Nähe der Pyramiden gefunden hat, die – nach der ägyptischen Legende – den Gott zur Erde der Ahnen bringen sollten, «zur Erde der Toten, dort unten, im Westen, zur Insel».

Es scheint, daß die heilige Barke aus dieser Zeit stammt und später imitiert wurde. Sie begleitete alle Pharaonen in ihr Grab und sollte sie unter Führung von Osiris zum Land der

Toten, in den Westen bringen... Aber die Ägypter fuhren nur auf dem Nil...

Um herauszufinden, wann die Pyramiden erbaut wurden, könnte man mit einiger Phantasie dazu kommen, die Sphinx sprechen zu lassen, die wie durch Zufall ebenfalls auf diesem Plateau von Gizeh als Wächter steht... oder als Zeichen.

Obwohl die Sphinx einen Menschenkopf hat, gleicht sie doch einem Löwen. Der Tierkreis, der keine ganz neue Erfindung ist, besitzt seit undenklichen Zeiten die meisten Tierzeichen, die wir heute auch kennen. Zwischen 10000 und 8700 Jahren vor Christus befand sich die Frühjahrssonnenwende jedoch im Zeichen des Löwen. Ungefähr um 8500 lag sie im Zeichen des Krebses oder, wenn man so will, des Skarabäus oder der Krabbe – khmer –, das meines Wissens das Meer ansteigen ließ und darin unterging.

Das – aber das ist reine Phantasie – entspräche einer Datierung der Monumente des Plateaus von Gizeh vor der Flut, des hiatus neolithicus, wie ihn die Prähistoriker nennen, oder der Sintflut, wie die Genesis behauptet.

Dann stieg das Meer, und das Wasser überschwemmte die Erde, da alle Schneemassen schmolzen.

Das Plateau von Gizeh liegt siebzig Meter über dem Meer. Der Gipfel der Großen Pyramide läge damit bei 218 Meter. Es ist möglich, daß das Wasser darüber hinaus stieg, obwohl in diesem Gebiet wahrscheinlich nicht die großen Verwüstungen des Atlantiks oder Pazifiks stattgefunden haben. Das spielt aber keine Rolle. Man kann sich vorstellen – das ist immer noch reine Spekulation –, daß jene, die diese Pyramide erbauten und die den Himmel und die Erde so gut kannten, *wußten*, daß es dort auf diesem Meridian, der die Erde in zwei gleich große Teile, in Ost und West, teilt und der vielleicht so einen starken Damm gegen die großen Überflutungen vom Meer her bildete, möglich war, in einem Bau, den weder Erdbeben noch Wassermassen vernichten könnten, die Tafeln des himmlischen und weltlichen Gesetzes unterzubringen.

Ich weiß nicht, ob das Wasser in die Pyramiden eingedrungen wäre, wenn es noch höher gestiegen wäre. Die beiden Luftschächte, die in der «Kammer des Königs» endeten, waren mit Steinen verstopft. Auf jeden Fall ist es möglich, daß diese Dokumente in Stein gehauen und wahrscheinlich nur Eingeweihten zugänglich waren... Man konnte sich in der Tat keinen besseren «Panzerschrank» ausdenken, um diese Dokumente sicher aufzubewahren.

Diese Menschen, die die Pyramiden erbauten und die so im Schutz vor Sintfluten die Fakten ihrer Wissenschaft überliefern wollten, sind zweifelsohne jene, die höher als das Wasser, bis nach Abessinien, «hinaufstiegen»... Ihre Söhne kamen an die Ufer des Nils zurück, aber sie hatten alles oder einen Teil dieser wunderbaren Kultur verloren... Sie hielten die Inschriften an den Pyramiden vielleicht für einen Speisezettel.

Man darf nicht vergessen, daß die Liste der Vordynastien rund zweihundert Pharaonen enthält, die göttlich waren und als Äthiopier bezeichnet wurden. Es kamen Menschen mit nicht unbeträchtlichen Resten einer Wissenschaft zurück, aber sie hatten den Schlüssel zu diesen Kenntnissen verloren... Und sie verloren ihn im Laufe der Zeit und der Mischungen immer mehr.

Diese Menschen hielten dennoch so viel von der Reinheit ihres Blutes, daß sie ihre Geschwister heirateten (die Guanchen taten dies auch sehr gerne). Es sind Menschen des Westens,

Cromagnoide, deren Rassenursprung an den atlantischen Gestaden vom Atlas bis nach Irland und noch wahrscheinlicher über die Meere auf die Insel der Toten, diese Insel der Ahnen, ging.

Da wir nun schon einmal bei den phantastischen Vorstellungen sind, sehen wir uns doch die berühmten Tafeln an, die vielleicht nicht verstanden, aber auch nicht zerstört wurden. Sie befanden sich zweifelsohne noch in jener Pyramide, die Cheops öffnete... Bis eines Tages ein gewisser Moses, der im Tempel erzogen wurde, sich aus semitischen Nomaden ein Volk bastelte, das er aus Ägypten führte, wobei er die berühmten Gesetzestafeln, das Gesetz der Welt, mitnahm (verfolgt von einem Pharao, der zwar die Hebräer, aber nicht die Tafeln ziehen lassen wollte...) bis in jene Wüste Sinai, wo er sie enthüllte und wo sie natürlich nicht verstanden wurden... Diese Tafeln gelangen in ihrer Lade zu Salomon, der daraus den Plan für seinen Tempel ableitet – den er übrigens zu bauen nicht fähig ist... Dann kommt eine gewisse Königin von Saba, äthiopischen Ursprungs, die seine Weisheit «testen» will und mit der er einige Diskussionen hat... IHREM SOHN ÜBERLÄSST ER VIELLEICHT NICHT DIE TAFELN, ABER ZUMINDEST EINE KOPIE ALS RÜCKERSTATTUNG AN DEN LEGITIMEN EIGENTÜMER.

Die Tafeln oder ihre Kopie – ich glaube, die echten sind im Augenblick in Frankreich[1] – sind immer noch in Äthiopien, wo nur der Patriarch sie einmal im Jahr in einem Kloster sehen darf, wohin man sie gebracht hat.

[1] Vgl. Louis Charpentier: Les Mystères Templiers. Editions Robert Laffont; und ders.: Das Geheimnis der Kathedrale von Chartres. Gaia-Verlag.

Ich möchte noch anmerken, daß eine der Lieblingszeichnungen der Guanchen drei Dreiecke waren, die wie Berge aussehen oder, wenn man so will, wie drei Pyramiden... Ist es eine Überlieferung, die auf den Schatz der Ahnen hinweist?
Würde man gleichzeitig Legende und Geschichte sehen, so käme man zu demselben Ergebnis, da die Geschichte im allgemeinen von der Legende «arrangiert» und von der Erzählung verformt wird, so daß man zu sehr eigentümlichen Feststellungen kommt.
Es gibt zum Beispiel eine Zeit, in der sich die Kultur im Westen befand. Ich glaube, das war vor der großen Sintflut. Das war die Zeit, in der die Gascogne noch eine Meeresbucht war. Rund um diese Bucht auf den umgebenden Bergen der Pyrenäen und des Zentralmassivs lagen sehr viele Grotten mit Felszeichnungen, die man aus dem Baskenland kennt (siehe oben). Die Zeichner waren Cromagnoide, jene alte Schicht, die man in der Blutgruppe 0 wiederfindet, sofern man sie bestimmen kann.
Es ist auch die Zeit, in der die Menschen, die die Natur und die Erde so gut kennen, die Doppelspirale auflösen, die die Erde bei ihrer Entstehung vor Jahrmillionen Jahren gebildet hat.[1]
Es ist auch die Zeit, in der dieselben Menschen – wie könnte es anders sein – auf dem Boden des Westens die Parallelen markieren, die zu den geschützten Tälern der atlantischen Gestade führen. Von dort kam das Licht in den Westen und dar-

[1] Vgl. Louis Charpentier: Les Géants et le Mystère des Origines. Editions Robert Laffont.

über hinaus nach Britannien, in die Bretagne, in die Gascogne, nach Galizien, Andalusien und nach Afrika[1].

An diesen Ufern und jenseits davon suchte Herkules die Goldenen Äpfel – oder den Ackerbau – im Garten der Hesperiden, Töchter des Atlas, und auf einer Insel die Rinder des Geryon[2].

Dieser Name Herkules hat einen Ursprung: Herakles, ein Name, der auf jeden Fall an Kreter denken läßt. Es gibt jedoch im Baskischen das Wort *erakas,* das den Gedanken von Unterweisung beinhaltet, und *erakasle* = der Lehrer, jener der lehrt... Und bei allen Arbeiten ist Herakles der Lehrende und jener, der die Kultur bringt.

Als er seine zu Haustieren gezähmten Rinder mitbringt, versucht ein gewisser Gaccus, sie ihm zu stehlen. Im Baskischen gibt es immer noch das Wort *kako,* das «Dieb» bedeutet. Auf seinen Wanderungen trifft er die Nymphe Pyrenea, die ihm zwei Kinder schenkt. Der eine ist Keltos, der Ahnherr der Kelten. Um Obst und Rinder zu erringen, muß er sich seinen Weg zum Atlantik freikämpfen (er kämpft sich durch die Meerenge der Säulen des Herkules), er mußte Anteus erwürgen, der diese Durchfahrt besetzt hielt. Er mußte Geryon auf seiner Insel töten.

Der Kreter Herkules ist normalerweise Pelasge. Verbirgt sich dahinter ein Gegensatz zwischen Cromagnoiden, die am Atlantik blieben, und anderen, die ausgestoßen oder gezwungen wurden, nach Europa und darüber hinaus zu fliehen? Ist es die

[1] Vgl. Louis Charpentier: Les Jacques et le Mystère de Compostelle, Editions Robert Laffont.

[2] Vgl. Louis Charpentier: Les Géants et le Mystère des Origines, Editions Robert Laffont.

Geschichte von Osiris, dessen Sippe verstreut wurde? Osiris von seinem Bruder Seth vertrieben?

Wie dem auch sei, Herkules gründet Alaisia. Diesen Namen, der immer noch baskisch ist, findet man an verschiedenen Stellen dieses Landes. Alaisia oder alle anderen Alaisias, die auf dem Boden Frankreichs nach besonderen Gesichtspunkten angeordnet sind. Wie es auch die heiligen Stätten der Griechen in Europa und im Nahen Osten sind.

Das ist, glaube ich, die Zeit, in der die ersten *Pelatchak* auf dem Plateau von Gizeh die drei Pyramiden errichteten, in denen die Ursprünge der atlantischen Zivilisation aufbewahrt werden. Ein Monument für die materielle Welt: die Große Pyramide. Ein Monument für die menschliche Welt, biologisch, wenn man so will, die man heute Chephren zuordnet und ein drittes für die göttliche Welt (?), das augenblickliche Mykerinos. Sie stoßen bis zu den Bergen Äthiopiens vor, wo sie die Sintflut abwarten. Sie kommt, und jede Kultur wird zerstört. Es wird zwar jede Kultur zerstört, aber es bleiben Reste, die in den drei Monumenten von Gizeh aufbewahrt sind... Und es bleibt auch sicher eine Überlieferung.

Der Zugang zu den Küsten des Atlantiks wird nicht mehr verwehrt. Die Basken verteidigen Galizien weder gegen die Ligurer noch gegen die Iberer – wenn es nicht dieselben waren –, noch gegen die Kelten. Nur ein Brauch blieb: der Brauch, sich mit dem Gesicht nach Westen zu legen... Und die Dolmen Galiziens und der Bretagne werden unzählbar.

Die Pharaonen, die so um die Reinheit ihres Blutes besorgt sind – «Bist du ein echter Westlicher» [1] –, gewinnen Ägypten

[1] Text aus den Pyramiden, zitiert von Martha de Ruspoli, in: L'épervier divin. Edition Le Mont Blanc.

zurück und kämpfen, um Unterägypten einzunehmen, was sie auch erreichen. Unterägypten mit den Ursprungsmonumenten, die die Sphinx bewahrt... Und jetzt beginnt wieder eine neue Kultur, wahrscheinlich die größte aller historischen. Die Hellenen fahren nicht mehr wie zu Zeiten Herkules' nach Westen, sondern nach Ägypten. Die «Meister» suchen dort nach Ausbildung. Es gibt keinen griechischen Philosophen, der dort nicht einen «Studienaufenthalt» absolviert hätte.

Die Druiden jagen die Kelten in den Mittleren Osten, wo sich der so wohl gehütete Schatz befindet. Wissen sie, daß er schon fort ist? Sie gehen nicht nach Ägypten, sondern nach Delphi, wo sie ihn vermuten, und in den Vorderen Orient, wo sie sich in Galatien niederlassen.

Im Neolithikum zogen die Berbercromagnoiden des Atlas nach Ägypten.

Man muß auch bedenken, daß man von «ägyptischer Arbeit» spricht, wenn man an die kreisförmige Gestalt der Trilithen von Stonehenge (1800 v. Chr.) denkt, die im übrigen durch einen kretischen Dolch geschmückt sind. Auch bei dem Brunnen von Graal in Glastonbury hat man von «ägyptischer Arbeit» gesprochen, ein Dolmenbrunnen, viereckig, groß angelegt, ähnlich dem von Saints-Forts in der Kathedrale von Chartres...

Nach Jerusalem führen die Kreuzzüge; Jerusalem, wo sich die «Gesetzestafeln» befinden[1]... Es sind die *Compagnons de la Fraternité des Enfants de Salomon*, die, gefördert von jenen, die diese «Tafeln» haben wollten, die Kathedralen von Chartres,

[1] Vgl. Louis Charpentier: Les Mystères Templiers, Editions Robert Laffont.

Amiens und Reims bauten; vor allem Chartres, wo sich die Dimensionen der Großen Pyramide von Gizeh widerspiegeln[1].

Der erste, der die Idee eines Kreuzzuges nach Jerusalem aufbrachte, war ein Papst von der «Trêve de Dieu» aus dem Jahre 100. Er war ein kleiner Hirte aus der Gegend von Aurillac. Später wurde er einfacher Mönch von Saint-Benoît d'Aurillac, namens Gerbert. Er konnte seine Studien im Morgenland fortführen und brachte uns von dort die heutigen arabischen Ziffern mit. Er wurde zunächst Bischof und später Papst namens Silvester II. und wurde vom römischen Klerus als Hexenmeister angesehen, weil er Mathematiker und Physiker war.

Ich bin im übrigen überzeugt, daß außer den Dokumenten, deren Existenz logisch erscheint, diese Wissenschaft der Erde und der Tiere, die die Alten besaßen und die es ihnen ermöglichte, Ackerbau und Viehzucht zu betreiben, nicht mit einem Schlag verschwand und daß, wenn nicht eine durch solide und allgemeine Fakten gesicherte Wissenschaft dahintersteht, zumindest die «Rezepte» erhalten blieben. Einige sind bis heute erhalten.

Sie sind – und die Wissenschaft war – genauso gegensätzlich zu unserer heutigen Denkungsart und Weltanschauung, wie sich der heutige Materialismus verhielte, wenn eine ähnliche Tatsache auftauchte. Die heutigen Wissenschaftler verlegen sich darauf, einfach etwas zu negieren, welchen Beweis man auch anführen mag.

Der Klerus behauptete einige Jahrhunderte vorher leichtfer-

[1] Vgl. Louis Charpentier: Das Geheimnis der Kathedrale von Chartres. Gaia-Verlag.

tig – sein Wissen war nie eine vorherrschende Tugend, und er stützte sich auf einen hypothetischen Teufel –, Menschen, die zufällig, aufgrund der Erinnerung an die Ahnen oder durch Familienüberlieferung erlassenen Gesetzen widersprachen, seien Hexer. Sie hätten sich dem Teufel verkauft und müßten auf den Scheiterhaufen gebracht werden. Das hatte den Vorteil, die Gewissen zu erleichtern und die Allmacht der Herrschenden zu sichern.

Handeln durch Negation, wie man es heute tut, ist sicherlich weniger gefährlich als die Flammen. Die Waffe ist gemeiner, aber das Ergebnis ist schließlich dennoch dasselbe. Man denke nur an jenen kleinen Bauern von Glozel, der bemerkenswerte archäologische Funde aus seinem Boden holte und dem man sogar vorwarf, er habe sie selbst hergestellt... Negation und Schweigen über diesen Bauern, der kein Diplom besaß!

Man ist verächtlich mit all diesen Resten einer vergangenen Wissenschaft umgegangen, die es uns immerhin ermöglichte, uns zu ernähren und Tiere zu Haustieren zu machen. Eine Wissenschaft, deren Ursprünge in der großen Sintflut untergingen.

Die Rassen haben sich gemischt, die Überlieferungen der Urahnen sind verschwunden. Die Religionen, welche es auch sein mögen, ließen die Menschen sich ducken, um ihre Souveränität durchzusetzen. Die Besitzenden haben in ihrem Stil weitergemacht... Dann kamen die Staaten. Sie haben die Menschen in dieselbe Tretmühle geworfen, aus der es kein Entrinnen gibt.

Ende der vorgeschichtlichen Spekulation...

Von jener cromagnoiden Rasse, die den Westen bildete, bleibt jedoch ein kleines Fleckchen Erde oben in den Pyrenäen; ein Relikt von Menschen, die seit Jahrtausenden ihre Freiheit und ihren Bestand verteidigen, das, was sie waren, ihre Sprache, ihre Sitten, ihre Bräuche... Eine 30 000jährige Rasse, die einzige in der Welt, die ohne große geistige Veränderungen die Sprache der Ahnen des Cro-Magnon spricht... Die einzigen in der Tat, deren Gedächtnis an die Ahnen so rein ist, daß man noch die Fundamente dieser vergangenen Kultur erkennen kann.

15

Die Geschichte

Die Geschichte des baskischen Volkes ist zweifellos eine der ältesten, die wir kennen, da ihre Wurzeln im Paläolithikum liegen und sie ohne Unterbrechung bis heute andauert.

Dank der sorgfältigen Arbeit der baskischen Prähistoriker und vor allem von José-Miguel de Barandiaran kann man nachvollziehen, wie sich das Leben des Menschen von Cro-Magnon, jenes Urahns im Baskenland, gestaltete, sein tägliches Leben, seine Umgebung, sein Handwerk, seine Kunst, seine Freizeitbeschäftigung.

Man weiß heute, wie sein unterirdisches Leben in den Höhlen aussah, die ihm die Natur geschenkt hatte. Man kennt es, da er es gezeichnet oder eingeritzt hat. Man weiß, welche Tiere in seiner Umgebung waren, welche er als Nahrung jagte und welche er auswählte, um sie zu Haustieren zu machen. Da er Zeichen und Figuren auf Stein oder Knochen malte oder ritzte, weiß man, welche Symbole es gab, die seinen Geist ansprachen und vielleicht sogar erfreuten. Man kennt seine Werkzeuge. Man weiß sogar durch noch bestehende Legenden, welche Religion ihn mit der Erde, der Sonne, dem Mond und dem Kosmos verband. Man ahnt seine Wissenschaft, seine Kenntnis von der Natur. Man vermutet, welchem Aberglauben er anhing. Ausserdem kennt man noch einige Wörter seiner Sprache und die Flöte, die er spielte.

Man weiß auch, daß eines Tages eine furchtbare Sintflut diese

Kultur zerstörte und Überlebende hinterließ, die vor «einer neuen Erde und einem neuen Sternenhimmel» standen ... Sie hatten Wissenschaft und Kunst verloren, ohne jedoch irgend etwas von ihren alten Bräuchen aufzugeben. Sie hielten an ihnen fest, als ob sie das Wesen dieser Kunst und dieser verschwundenen Wissenschaft enthielten ...

Man kann die Umwandlung dieses Urahns nach dem neolithischen Hiatus in einen Urbasken verfolgen, der die Dolmen errichtete. Dann entwickelte er sich zum heutigen Basken, ohne daß seine Reinrassigkeit dabei verlorenging. Wenn man auch nicht ganz genau den Zeitpunkt bestimmen kann, zu dem er Viehzüchter oder Bauer wurde, findet man – José-Miguel de Barandiaran hat ihn gefunden – den Moment, als es ihm gelang, bei der Viehzucht eine Herde zusammenzustellen, die er in die Ebenen der Gascogne zwischen Garonne und Adour trieb; Ebenen, die damals durch die Anschwemmungen in der Meeresbucht neu entstanden waren.

Man schreibt diesen Basken sogar mit einigem Recht die Gründung von Bordeaux – *Burdeo* = Burg aus Eisen – vor der Ankunft der lebens- und trinkfreudigen Gallier zu.

Man weiß nicht, ob sie in jener weit entfernten Zeit die baskische Ecke gegen vorgeschichtliche Invasionsversuche verteidigen mußten, aber man weiß, daß ihre nächsten Nachbarn, die Iberer und Ligurer, nicht in ihr Gebiet eindringen konnten.

Da man praktisch nicht weiß, wo und wann Kenntnisse über die Bronze und deren Gebrauch erlangt wurden, ist es auch nicht möglich, das Volk zu nennen, das sie lehrte. Entgegen der allgemeinverbreiteten Idee, daß diese Kenntnis aus dem Orient kam, bin ich der Ansicht, daß der Ursprung an der

Atlantikküste der Iberischen Halbinsel zu suchen ist. Sie wurde dann von den Schiffen aus Tartessos bei den cromagnoiden Völkern bis in den Nahen Osten verbreitet. Dies geschah noch früher, als man es sich im allgemeinen vorstellt.

Die Eisenzeit bleibt im Baskenland ein Rätsel, weil die Natur die Gegenstände sehr schnell zerstört, andererseits weil das Eisen mit einer Art Tabu umgeben war, das alle Beurteilungen verfälschte. Man darf jedoch annehmen, daß das Eisen durch die Kelten zu den Basken kam ... Aber auch die Beziehungen zwischen Basken und Kelten sind in sich noch ein Rätsel, das nicht einfach zu lösen ist. Es hängt mit der Frage der Druiden zusammen.

Man weiß, daß diese Druiden bei den Kelten des äußersten Westens zugleich Lehrmeister, Führer und eine Art Priester waren. Es scheint, daß sie in der Tat nur in Gallien, in der Bretagne und in Irland waren. Man findet nämlich nicht einen einzigen in ihrem Ursprungsland, das heißt auf dem Balkan. Zumindest die Gallier, die ersten Kelten, die ab 1700 vor Christus in Gallien ankamen, scheinen übrigens keinen Invasionskrieg geführt zu haben. Wir wissen durch die Ortsnamen und die Untersuchung der Blutgruppen, daß die Menschen von Cro-Magnon in der gesamten Berggegend nahe des Atlantik lebten.

Die Verteilung der keltischen Völker in Gallien fällt unverständlicherweise mit den «Grenzen» zusammen, die die megalithischen Monumente zeigten und die viel früher als die Ankunft der Kelten liegen.

Das läßt auf eine «Aufnahme» schließen, die zweifellos notwendig war, um die freien Räume in den Seegebieten zu besetzen, für die die Kelten Spezialisten waren (sie sind für die an Binnenseen liegenden Orte verantwortlich). Der erste keltische Stamm, der nach Gallien kam, könnte demnach die Piktonen – die heutigen Bewohner des Poitou – gewesen sein, die das Poitevinische Moor urbar machten. Danach folgten die Bituriger, die sich zwischen Sologne und Brenne einerseits und im Moor von Bordeaux andererseits niederließen, das jetzt trocken liegt.

Man kann sich sehr wohl vorstellen, daß diese Übereinkunft nicht das Ergebnis einer eigenen Vorstellung war. Da es keine brutale Invasion gab, konnte sie nur von den Cromagnoiden aufgezwungen worden sein, die Herren dieser Orte waren und die von verehrten, also heiligen Häuptlingen geführt wurden.

Bei den Cromagnoiden auf den Kanarischen Inseln gab es solche Führer: die *Faykan.* Vielleicht keine Häuptlinge im eigentlichen Sinn des Wortes, sondern eine Art oberste Ratgeber, die alle Merkmale und Privilegien besaßen, die auch die gallischen Druiden hatten.

Eine Reihe von Legenden und Überlieferungen, die sich dekken, lassen den Gedanken aufkommen, daß es so war und daß die gallischen Druiden ursprünglich die Weisen der alten Schicht der Cro-Magnon waren.

Selbst wenn man die esoterische Überlieferung nicht einbeziehen will, die besagt, daß die Druiden von den Atlantern belehrt wurden, gilt doch, wie es die Tradition des irischen Epos besagt, daß die ersten Druiden dieser Inseln von Spanien gekommen sein sollen.

Man kann also nur über die Bedeutung staunen, die Herakles, der griechische Herkules, in den gallischen Legenden hat. Man geht sogar so weit, ihm die Anlage von Alesia zuzuschreiben. Das Erstaunen nimmt ab, wenn man bedenkt, daß im Baskischen – und der Begriff ist sehr alt – *eraskasle* Lehrmeister bedeutet, der Meister, der lehrt. Wenn dieses *eraskasle* durch seinen Namen mit dem griechischen Helden verwechselt wurde, so ist die Gründung von Alesia vollkommen normal. Übrigens kennt das Baskenland zahlreiche Orte wie *Alais, Alaiz*...

Natürlich mischten sich Kelten und Cromagnoide; die Statistiken der Blutgruppen in Frankreich sind dafür noch heute Beweis genug... Das ist vielleicht auch der Sinn jener Legende, nach der Herakles die Nymphe Pyrenea verführte und sie ihm zwei Kinder schenkte, von denen einer *Keltos* hieß.

Das würde auch erklären, daß um 300 vor Christus, als die Kelten sich anschickten, ins spanische Finisterre zu gehen, sie nicht das Baskenland durchquerten. Es war heiliges Gebiet der Nachfahren der Cro-Magnon. Sie zogen vielmehr über Somport, indem sie das Baskenland umgingen und den Weg einschlugen, den später auch die christlichen Pilger nach Compostela nahmen. Warum, wenn nicht unter dem Ein-

193 Oben: Guanchenpetroglyphe auf der Insel Teneriffa, Kanarische Inseln (aus der Sammlung des Autors). Unten: Lanzarote, Kanarische Inseln, Weinberg auf der zu Pulver zerfallenen Lava. Die Steinmäuerchen verhindern Erosion durch Wind.

194 Neolithische Gravuren am Eingang der Grotte von Belmaco, Las Palmas, Kanarische Inseln: zweifelsohne ein Tintenfisch.

195 Oben: Eine Schlange, die entweder Schutz gewähren sollte oder ein tellurisches Zeichen war. Diese Petroglyphen findet man überall entlang der europäischen Atlantikküste (aus der Sammlung des Autors). Unten: Eine Spirale.

196 Guanchenmumien auf den Kanarischen Inseln.

fluß ihrer Druiden, die ihren Viehtrieb sicher nach Galizien führten? Historisch ist nicht sicher, daß sie das Baskenland ganz respektierten. Denn Strabon behauptet, der Stamm *Berone* aus Basse-Rioja sei keltisch, und Rioja war damals baskisch.

Nach den Kelten kam Rom, und erst von da an gibt es einige Dokumente über die Basken. Rom kam, und spürbar zur gleichen Zeit die Karthager. Es ist die Zeit der Punischen Kriege, und die Basken sollen sowohl die eine wie die andere Partei unterstützt haben. Sie sind, wenn nicht Verbündete, so doch zumindest Hilfstrupps für beide Seiten. Sie gewinnen daraus eine relative Sicherheit, verloren jedoch die Mittelmeerseite der Pyrenäen, wo die Dolmen und die Ortsnamen die Spur ihrer ehemaligen Souveränität bewahrt haben.

Man vermutet, daß das Baskenland nach den Punischen Kriegen von Jacca, dem heutigen Aragonien, bis Calahora in Léon reichte. Es umfaßte alle Küsten des Ozeans vom Adour bis Asturien.

Plinius spricht von sieben Völkern in diesem Gebiet: die Pesiken (Laredo, Santander), die Kantabrer (Biskaya, Alava, Rioja), die Autrigonen, die Karisten und Origevionen (Biskaya und Alva), die Vardulen und Vasconer (Guipuzcoa, Navarra und ein Teil Aragons).

Nach Tacitus und später Ptolemäus sollen die Kantabrer zur römischen Zeit nach Irland, England, Schottland und auf die Scilly-Inseln gegangen sein.

Plinius (Buch VI) scheint anzunehmen, daß einige von ihnen nach Indien gingen und sich am Ufer des Flusses Cantabre niederließen, der in den Indus mündet. Einige, so sagt er, seien bis zum Schwarzen Meer gezogen...

Man sieht, daß sogar noch zu Plinius' Zeiten die Überlieferung von Seereisen in den Osten vorhanden war; aber diese lagen sicher lange vor der Zeit der Römer.
Josephus legt diese Reisen in das Jahr 571 vor Christus. Das ist eindeutig falsch; denn Herodot, der kurze Zeit später lebte, hätte diese Tatsache sicher aufgezeichnet.
Zur Zeit des Gallischen Krieges ergriffen die Basken erst Partei, als sich das Kriegsgeschehen der Gascogne näherte. Sie verbündeten sich mit den gallischen Stämmen Aquitaniens, aber die Römer schlugen sie. Daher zogen sie sich in die Berge zurück. Cäsar kam zweimal auf die Iberische Halbinsel, drang jedoch nie in das kantabrische Gebiet ein.
Trotz ihrer großen Anstrengungen gelang es den Römern in der Folgezeit nicht, die Basken zu unterwerfen, die ihre Unabhängigkeit bewahrten. Es zeigte sich aber, daß eine Straße durch Alava unbedingt notwendig war, um Léon mit seinen Goldminen zu besetzen. Tiberius begriff damals, daß es weiser wäre, «zu verhandeln». Er schlug den Kantabrern einen Vertrag vor, der ihnen jede Unabhängigkeit der Bräuche, Sitten und Sprache ließ, wenn sie im Gegenzug das Durchgangsrecht und die Überwachung dieses Durchgangs garantierten. Außerdem sicherte er ihnen zu, sie von Tributen, Legionsgarnisonen und römischen Niederlassungen zu verschonen.
Die Basken stimmten diesem Vertrag zu und nahmen es gerne auf sich, dem Römischen Reich zu dienen. Sie akzeptierten auch die Einrichtung von Handelsniederlassungen, die ihre Freiheit nicht beschnitten. Vespasian gab ihnen in der Folgezeit das Recht von Latium und Caracalla das «Römische Bürgerrecht».

Und dann begannen im Westen die Invasionen der Barbaren. Es scheint, daß die Suaven einen Anschlag auf die Baskenecke machten, aber sie insistierten nicht und setzten ihren Weg nach Galizien fort.

Die ihnen folgenden Westgoten hatten von Honorius erreicht, daß er ihnen Aquitanien mit Toulouse als Hauptstadt abtrat. Aber Clovis zerstörte 507 das Königreich Aquitanien, und die Westgoten gingen nach Spanien. Sie versuchten, sich die kantabrische Küste anzueignen. Dieses Unternehmen wurde von Leovigildus angeführt, der das untere Rioja verwüstete und dem es gelang, seinen Herrschaftsbereich auf einen Teil Navarras und Riojas auszudehnen, der an Kastilien (572) angegliedert wurde.

Von da an besteht die baskische Geschichte nur noch aus Rückeroberungsversuchen; das erstemal um 590, dann die Verteidigung ihrer Unabhängigkeit gegen die Westgoten und schließlich zu Beginn des 5. Jahrhunderts die Verteidigung gegen die Franken, unter deren relativ lockerem Einfluß die Basken bis 660 gestanden zu haben scheinen.

Zu jener Zeit schuf man die Grafschaft Aquitanien, die das Baskenland umfaßte. Sie war ein Gebiet mit regionaler Freiheit, das 108 Jahre Bestand hatte. Es war die Zeit der arabischen Eroberung, die kaum über Pamplona hinauskam.

Dieser historische Teilaspekt ist im übrigen nicht vollkommen klar. Man muß sich die Frage stellen: welche Araber? Die Armee, die Spanien überfiel, war nur arabisch, was die Führer anging. Die Invasionsarmee selbst bestand vor allem aus Berbern, Cromagnoide ebenso wie die Basken, die eine Schwestersprache redeten.

Allem Anschein nach verspürte die iberische Bevölkerung

keine große Lust, sie aufzuhalten. Man kann sich vorstellen, daß die Ureinwohner kein großes Übel darin sahen, wenn man die Westgoten vertrieb, die Spanien genauso belasteten wie die Franken Gallien... Und Aquitanien ließ sie ebenso leicht passieren, und wenn die Franken sie bei Poitiers aufhielten, so verteidigten sie nur eroberte Beute.

Was die Basken anbetrifft, die man außer in jener Zeit gerne als Bollwerk des Christentums ansieht, diese christlichen Basken konnten sich an den Fingern abzählen, daß ihr Land nach einem Ausspruch des Mönches Pierre Laffite eher ein Sieb als ein Bollwerk war.

Als Aquitanien 768 von den Franken wieder eingenommen wurde, mußten die Basken ihre Freiheit in bewaffneter Rebellion gegen jene verteidigen. In dieser Zeit liegt die Episode über die Niederlage Rolands bei Roncevalles.

Vom Jahr 824 an scheint es für das Baskenland eine Zeit vollkommener Unabhängigkeit durch die Verfassung eines baskischen Königreiches von Pamplona gegeben zu haben, das bis 1076 andauerte. Dann fiel das gesamte Land unter Mithilfe des Christentums – und im Zweifelsfall der Inquisition – nicht ohne Widerstand in die Abhängigkeit der Königreiche Kastilien und Aragon. Man gab ihm ein Sonderstatut, das ihm eine gewisse Autonomie einräumte... Die nicht immer beachtet wurde.

Der Rest ist spanische oder französische Lokalgeschichte, die Geschichte eines mehr oder weniger verdeckten Widerstands und mehr oder weniger offen zutage tretenden Konservativismus.

16

Die alte Religion

Ob sich die Vorgeschichte der Nachfahren des Alten von Cro-Magnon so abgespielt hat, wie ich sie geschildert habe, oder ein wenig anders, so steht doch fest, und zwar weil es nicht anders sein kann, daß diese alte «atlantische Rasse» in Europa Nachfahren hinterlassen hat, die praktisch allein und rein blieben: das baskische Volk.

Es ist nicht ausgeschlossen – man kann es sogar als wahrscheinlich annehmen –, daß es auch in Amerika solche Schichten gegeben hat – was ein fast absoluter Beweis für die Existenz der Insel Atlantis wäre. Für eine solche Untersuchung bin ich jedoch nicht beschlagen genug...

Beschränkt man sich jedoch auf die Alte Welt, muß man erkennen, welche Bedeutung das baskische Volk, das sich gegenüber jedem und allem mindestens rund zwanzig Jahrtausende behauptet hat, für die Ursprünge zumindest der westeuropäischen Rassen hatte, das heißt auch für die Sprachen; die erhaltenen Spuren der Ursprache sind sehr zahlreich. Und zwar aus ganz anderen Gründen, als wir annehmen.

Es ist klar, daß sich dieser «Widerstand» an erster Stelle als religiöses Gefühl manifestierte, das durch den Wechsel der Religionsformen als Folge des Christentums kaum geändert wurde... Gab es vor Beginn der technisch-materialistischen Weltanschauung in den letzten Jahren Bewegungen im baskischen Volk, die keinen religiösen Hintergrund hatten? Das bedeutet, es konnte nur existieren, weil der Glaube sein Handeln bestimmte.

Damit wir uns verstehen: Wenn ich «religiös» sage, soll dies auf keinen Fall «klerikal» bedeuten. Man muß sich manchmal fragen, ob diese beiden Dinge nicht unvereinbar sind...

Der Baske ist Materialist; wirklicher Materialist, aber sein Materialismus beschränkt sich nicht darauf, die Materie als eine tote Sache zu betrachten, deren Eigenschaften außerhalb des menschlichen Lebens oder ganz kurz des Lebens selbst liegen. Ich weiß im übrigen nicht, ob seine Sitten, seine Art zu denken und sogar seine Sprache ihm solches erlaubten.

Für den Basken existiert alles, was einen Namen hat, und folglich muß alles, was existiert, einen Namen tragen. Es ist klar, daß die Benennung einer Sache bewußt oder unbewußt eine Form der Heiligung ist. Mit dem Namen bekommt die Sache ihren Platz im allgemeinen Leben, im täglichen Leben und im Rhythmus der Welt. So hat alles ganz natürlich seine religiöse Basis, da es lebt.

Ich glaube, der heilige Bernhard war dieser Philosophie sehr nahe, als er seinen Mönchen sagte: «Glaubt ihr, daß ihr Honig aus Stein gewinnen könnt?» Die Natur lehrt das Leben, das ganze Leben, vom Stein bis zum Stern.

Tanzen ist Freude, und Freude ist ein religiöses Gefühl... Ich denke an jenen baskischen Kirchenvertreter, der mir als natürlichste Sache der Welt sagte: «Wenn ich nicht Priester geworden wäre, wäre ich Tänzer geworden. Ich hatte übrigens schon mit dem Training begonnen.» Augenscheinlich handelte es sich für ihn bei den Dingen, von denen er sprach, um zwei Tätigkeiten, deren Wesen im tiefen Grunde religiös ist.

Daraus erklärt sich auch der Ernst, den die Basken in alle körperlichen Übungen legen, die im allgemeinen als Zerstreuung angesehen werden. Es gibt etwas Religiöses im Pelote-Spiel, ob es nun mit bloßer Hand, mit der Pala oder der Chistera gespielt wird. Der Pfarrer, der hinausgeht, um die Messe zu lesen, mischt sich ganz natürlich unter die Spielenden – mit Freude, denn die Einstellung der Basken besagt, daß sie an allen körperlichen Ertüchtigungen Freude haben –, aber noch weit darüber hinaus... Wer mit Basken einmal Rugby gespielt hat, weiß, inwieweit dieses Spiel für sie die einfache physische Ertüchtigung übersteigt.
Aufgrund all dessen ist es nicht ohne Bedeutung, danach zu suchen, welche Form der baskischen Religion es vor dem Christentum gab. Ich bin nicht sicher, ob für das Volk ein sehr großer Unterschied besteht. Außerdem bekommt man den Eindruck, daß sie ihr Christentum auf die früheren Formen «zurückgeführt» haben, zumindest in dem Maße, wie es gegenüber den religiösen oder weltlichen Inquisitoren möglich war.
Außerhalb und über die Welt hinaus gibt es das Unbekannte, also Dinge ohne Namen, also nicht greifbar für die Sinne oder den menschlichen Verstand. Es ist für alles verantwortlich, aber außer Reichweite des Menschen.
Man hat diesem Unbekannten jetzt einen Namen gegeben, *Jainko,* der aller Wahrscheinlichkeit nach vom Christentum eingeführt wurde und vom Herrn des Himmels – *Jauniko* – abgeleitet ist.
Es ist natürlich eine Einengung, wenn man Gott mit seiner Größe und Überlegenheit, also Eigenschaften, die ihn in Reichweite des Menschen bringen, in den Kreis der Dinge

einordnet, die einen Namen haben, die also in der Welt existieren. Das Unnennbare wurde «benannt». Man hat das «Ganze» auf eine Person zurückgeführt... Da er unbekannt und unbenannt war, ist es nicht weiter erstaunlich, daß er in keiner der zahllosen Felszeichnungen auftaucht und daß es daher von ihm auch in der Sprache keine Spur gibt.

Man findet, wie man sich ein wenig oberflächlich auszudrükken pflegte, «Idole». Dieser Begriff, den alle Prähistoriker benutzten, bezeichnet das, was in der Vorgeschichte einer menschlichen Figur ähneln konnte. Ich weiß nicht, worauf sie sich stützen, um diese Figuren zu «Idolen» zu machen. Ich glaube, sie sind von einem Vorurteil ausgegangen, da einige heutige Volksstämme «Idole» haben. Es versteht sich von selbst, daß die Alten ebenfalls die Mentalität der Primitiven und folglich «Objekte der Bewunderung», «Idole» haben mußten.

Wir wissen, daß einige Steine heilig waren – im allgemeinen sind sie das irgendwie immer noch –, nur daß sie hier unten besondere Orte oder Erinnerungen bewahrten, die ihnen ein gewisses Recht zur Verehrung verliehen... Es ist sicher, daß man in der baskischen Sprache nicht ein einziges Wort findet, das in den alten Zeiten Dinge der Verehrung bezeichnete. Aller Wahrscheinlichkeit nach entstanden die Wörter, die sie heute bezeichnen, durch das Christentum: *pagano* entstand

205 Diskusförmige primitive Stele, die grob wie eine Hand gehauen ist (Museum San Telmo, San Sebastian).

206 Stelen aus dem Museum San Telmo, San Sebastian.

207 Oben: Stele eines Schmieds. Unten: Stelen auf einem baskischen Friedhof (aus der Sammlung des Autors).

208 Diskusförmige Stele auf einem baskischen Friedhof.

aus dem Lateinischen. *Jainkoaizun* soll falscher Gott heißen. *Itsutuki* bedeutet fälschlich verehren, also blind sein, blind... Man weiß nichts oder soviel wie nichts über die alten Kulte. Wir kennen nur die Kulttänze. Eine Tradition, die wahrscheinlich kein neueres Machwerk ist, besagt, daß es keinen «Tempel» gab, wo sich die Riten abspielten. Man hat auch keine Spur eines solchen Tempels gefunden. Wir wissen aber durch Strabon, daß sich die «Menschen des Hauses» zu bestimmten Zeiten bei Nacht davor – oder vor einer Höhle – versammelten und religiöse Tänze tanzten. Ein Sabbat... Ich glaube nicht, daß für diese Art Tanzveranstaltung der Ursprung des Wortes derselbe ist wie bei dem jüdischen Sabbat oder dem römischen Sonnabend.

Der Tanz als Element des religiösen Rituals hat lange Zeit im Baskenland bestanden, sogar noch nach Verbreitung des Christentums. Man hat sogar noch sehr lange in den Kirchen getanzt... Bis dieser Brauch im 15. Jahrhundert verboten wurde, als gewisse Bischöfe diese Erweiterung des römischen Ritus als unangemessen ansahen. Ich möchte meine Hand nicht dafür ins Feuer legen, daß er vollkommen verschwunden ist... (Man tanzte sogar noch im Mittelalter in Chartres, und es war der Bischof in eigener Person, der die heiligen Tänze anführte.)

Diese heiligen Tänze sind im übrigen nicht spezifisch baskisch. Wir kennen sie bei den Guanchen; es gibt sie noch bei den Berbern des Atlas... Auf der Insel Jersey sang man noch:

«Wir gehen nach Saint-Jean
Tanzen auf dem Felsen Balan» [1]

[1] Dontenville: Mythologie française. Edition Payot.

Der große Cromlech von Stonehenge ist im Gälischen noch der *Cathoir Ghall* «Die Tanzrunde der Riesen» (die Riesen oder die *Jaunak*, die Herren?). Man sollte nicht vergessen, daß es dieselbe Rasse ist, die an den Ufern des Atlantik sitzt.

Es ist wahrscheinlich, daß diese Tänzer Anlaß für den berüchtigten Hexensabbat waren, in den der Katholizismus den Teufel, der den Gott der früheren Religionen darstellte, persönlich einführte. Es ist auch nicht ausgeschlossen, ja sogar wahrscheinlich, daß de Lancre im 16. Jahrhundert in Labourd seine Blutbäder unter Hexenmeistern und Hexen nur deswegen anrichtete, um Menschen auf den Scheiterhaufen zu bringen, die einfach die alten Riten von einst beibehielten. Einschließlich der Priester, die ihre Verehrung nur nach Art der Urväter darbrachten.

Ein alter baskischer Name lautet tatsächlich *xara* – ausgesprochen chara –, und das Wort für Versammlung heißt *batz.*

Chara-batz beinhaltet den Gedanken einer Versammlung im Wald. Und schon sind wir dem Wort «Sabbat» sehr nahe. Es ist außerdem wahrscheinlich, daß bestimmte Fruchtbarkeitsriten, das heißt «unschicklicher» Geschlechtsverkehr, bei diesen Versammlungen nicht ausgeschlossen war.

Die unbekannte Gottheit manifestiert sich in zwei Arten; Manifestationen manichäischer Empfängnis, nicht des Guten oder Bösen, sondern gegensätzlicher und sich ergänzender Kräfte, die sich zum Beispiel in Geschlechtsbegriffen ausdrücken: männlich und weiblich oder in Gegensatzpaaren wie Erde und Feuer.

Hier finden wir auch die große Göttin der alten und auch der heutigen Basken, *Mari,* die praktisch alle Attribute der weltlichen Natur besitzt. Ihr Mann *Maju* scheint alle himmlischen Kräfte in sich zu vereinen.

Maju ist auch Sugaar, die große Schlange, deren Natur himmlisches Feuer ist und die eindeutige Analogien mit *N-wouivre,* der himmlischen Schlange der Gälen hat. In den religiösen baskischen Legenden scheint man sich nur um eine einzige Funktion oder eine einzige Sache zu kümmern. *Maju* kommt regelmäßig, um sich mit *Mari* zu vereinen. Dadurch kommt es zu Kindern, Gewittern, Zyklonen je nach den Orten, die sie wählen... Außer bei diesen Treffen mit *Mari* kommt er nur sehr wenig in den Legenden vor... Man muß aber daran denken, daß die Legenden volkstümlich sind und daß heilige Dinge – davon gibt es in allen Religionen viele – nicht dazu bestimmt sind, sei es in den Legenden oder Erzählungen, dargelegt zu werden. Man darf hierdurch nicht auf die Gleichgültigkeit der Menschen schließen. Auf jeden Fall entging er seiner Umwandlung in die Teufelsschlange des Erdparadieses.

Die große Göttin aber ist *Mari.*

José-Miguel de Barandiaran, der sie in all ihrem Umwandlungen verfolgt hat, sagt: «Mari ist ein Geist weiblichen Geschlechts, dem es gelungen ist, viele Funktionen zu übernehmen, die ihm im Baskenland unter verschiedenen Namen zugeordnet werden. Sie wird als Haupt aller Geister angesehen.»[1]

Wir müssen noch auf dieses Wort «Geist» zurückkommen. Die Literatur bietet uns Feengeschichten, die manchmal mehr oder weniger vor allem in ihrem literarischen Ausdruck

[1] José-Miguel de Barandiaran: Mythologie basque.

von den orientalischen Erzählungen inspiriert sind. Darin zeigt sich ein Geist flüchtend, sich auflösend oder verschwimmend, gut oder böse, gehorsam oder ungehorsam, aber isoliert von der Natur, mit einem Wesen, das außerhalb der Naturgesetze liegt. Die Römer kennen in ähnlicher Form einen solchen Geist, aber es scheint dagegen angebrachter, ihn in der griechischen Form des *Gennan* zu betrachten, dessen, der schwanger macht. Im Baskischen *egin*.

Es ist in der Tat eindeutig, daß *Mari*, deren ehemaliger Name *Maya* war, eine allgemeine Bezeichnung ist, die die Natur und noch spezieller das bedeutet, was erdbezogen ist. In gleicher Form ist sie die «Mutter Erde» der Alten, die ihr verschiedene andere Namen gegeben haben.

In diesem Sinne verlieren die Taten von *Mari* fast alles Geheimnisvolle. Sie haben nur noch einen Sinngehalt, der sich eher als Poesie denn als Mythologie erweist.

In einigen baskischen Gegenden bedeutet ihr Name Dame. Sie ist die Dame dieses oder jenes Ortes. Manchmal ist es auch die «Dame Natur», so wie sie sich hier oder dort zeigt, denn die Natur zeigt sich nicht an allen Orten gleich, auch wenn wir es heute mit wissenschaftlicheren Begriffen umschreiben... Dieser Unterschied kann sich auch in der poetischen Sprache und im wissenschaftlichen Jargon ausdrücken.

Wenn die elektrischen Kräfte der Atmosphäre ein Gewitter auf der Erde entladen – an ganz bestimmten Orten – gibt es kaum etwas Poetischeres, als wenn man sagt, die große Schlange Sugaar habe sich mit seiner Frau *Mari* vereint. Es ist auch verständlich, wenn man sagt, ein Blitz gehe nieder... Aber viel romantischer ist es, wenn Sugaar seine Frau gerade an dem Platz liebt, wo dieser Blitz einschlägt.

José-Miguel de Barandiaran sagt: «Einige Erzählungen lassen Mari an verschiedenen Orten wohnen, als wenn es sich nicht um einen einzigen Geist oder um eine einzige Gottheit handelte, sondern um verschiedene Schwestern. So sagt man in Marquina, daß Marije-kobako «Mari der Grotte», die in der Höhle von Kanterazar auftritt und die dieselben Attribute wie in Amboto hat, ihre Schwester ist und daß sich beide gegenseitig von Zeit zu Zeit besuchen...»

Als sich das Christentum spät und mit großen Schwierigkeiten im Baskenland ausbreitete, bekam und behielt es lange einen spezifisch baskischen Aspekt. Nach und nach nahm Maria die Stelle von *Mari* ein, die universelle Mutter, zugleich eins und verschieden in ihren Handlungen.

So zeigen einige Volkserzählungen die Jungfrau von *Aranzazu* und die von *Antigua de Zumarraga* als Schwestern und nicht nur als Bilder und Darstellungen derselben Jungfrau. Die baskischen Jungfrauen waren sieben Schwestern: *zaspi aizpatxo dira euskaldun birjinak:* «Sieben Schwestern sind die baskischen Jungfrauen.»

Vielleicht haben wir von den Basken diese Gewohnheit übernommen, die Jungfrau von Lourdes und die von La Salette als zwei Personen zu sehen, was christlich gesprochen absolute Häresie ist (es sei hinzugefügt, daß die Grotte von Lourdes schon lange vor dem Christentum eine heilige Grotte war).

Hinter den Volkserzählungen um *Mari*, die man heute allzugerne zum einfachen Aberglauben rechnen möchte, scheinen sich natürliche Phänomene zu verbergen, die durch die Erzählungen ausgedrückt werden sollten.

Wenn sich also die *Mari* von *Muru* das Gesicht mit dem linken Fuß (?) wäscht, verwüstet der Hagel den Weizen in Navarra. In Onate und Arechavaleta regnet es ausgiebig, wenn *Mari* sich in *Amboto* befindet. Wenn sie in *Alona* ist, wird es trocken. In *Orozco* sagt man, daß man eine reiche Ernte haben wird, wenn *Mari* in *Supelaur* ist.

«Mari erntet Unwetter. Viele Bäume werden vom Blitz zerstört, wie man in Albistur sagt. Wenn diese Dame in Aketegui ist, sind es Tage der Unruhe. Diese Umstürze werden von ihr in Arelar und in Trunidade-mendi erzeugt, wie man in Oyarzun denkt.» [1]

Man sieht sie also als Mutter der Naturereignisse... Mutter auch, und das ist vollkommen natürlich, der Schätze im Boden.

Ihre Behausungen liegen im Innern der Erde. Aber diese sind mit der Erdoberfläche durch verschiedene Gänge verbunden, die in Grotten oder Abgründen enden. In diesen Höhlen, von denen man sagt, sie seien reich ausgeschmückt, besitzt *Mari* Gold, was daran erinnert, daß Gold in Adern im Innern der Erde vorkommt, also Maris Bereich...

Man sagt im allgemeinen, das seien Überlegungen des gesunden Menschenverstandes. Das Gold kommt wie alle Metalle aus der Erde. Natürlich schmückt der Erzähler alles blumig aus. Man gibt *Mari* Goldbetten. Sie spinnt Gold mit einer Goldspindel. Sie setzt sich in einen Goldsessel. Sie hat Goldkämme und so weiter.

Außer an den erdbezogenen Phänomenen hat sie auch Anteil an den Erscheinungen der Atmosphäre. Man sieht, wie ihr Kopf vom Mond umkränzt ist. Sie kann auch in Form eines Halbmondes auftreten, der das Feuer bringt. Sie ist der

[1] José-Miguel de Barandiaran: Mythologie basque.

Windstoß, die weiße Wolke, der Regenbogen, der Feuerball…

Sie nimmt auch – und gerade dies ist besonders interessant – die Form von Tieren an: Stier, Bock, Pferd, Schlange Geier… «Die Tierformen», sagt José-Miguel de Barandiaran, «von denen die Mythologie über die unterirdische Welt erzählt, stellen Mari und ihre Untergebenen, das heißt die Erdgeister oder die Erdkräfte, dar, denen das Volk die Phänomene der Welt zuordnet. Ihre Formänderungen in den verschiedenen Mythen bestätigen diese Idee.»

Es ist daher in keiner Weise erstaunlich, wenn man sieht, wie zum Sabbat eines der Tiere auftritt, das *Mari* darstellt, zum Beispiel der Bock, um den man an vielen anderen Orten so viele Legenden gebildet hat. Es dürfte auch nicht erstaunen, ihn unter den Tänzern zu finden, die sich in der Nacht im Wald versammeln, den man heute «Toro de fuego» nennt, der die Fandangos des Festes in Saint-Jean-de-Luz erheitert.

Es gab sicher eine Art Kult für *Mari.* Kult ist vielleicht nicht das passende Wort, denn es scheint sich um eine Art Rückversicherung auf der Grundlage eines Opfers gehandelt zu haben. Eine Versicherung vor allem gegen Hagel, was auf die Arbeit von Bauern hinweist. Man versicherte sich, indem man *Mari* ein Geschenk machte; im allgemeinen ein Schaf, das das Lieblingstier von Mari gewesen sein soll. Mit dem gleichen Ziel machte man auch Prozessionen, die vom Tanz zweifellos abgeleitet waren, zum Beispiel zur Grotte von Mari in *Amboto* oder zu jener von *Murumendi.*

Diese Prozessionen haben sich bis in unsere Tage fortgesetzt und es gibt sie vielleicht immer noch. Zum Beispiel gehen die Bewohner von *Moguiro* zur Prozession zu einer Grotte von

Mari, wo der Pfarrer des Dorfes die Messe zelebriert. Dasselbe spielte sich alle sieben Jahre in *Isasondo* am Eingang zum Abgrund von *Murumendi* ab.

Alle Religionen haben ihre Regeln, denen die Kirchen oder Sekten noch eigene hinzufügen. *Mari* unterwirft sich ebenfalls dieser Tradition, aber ihre Befehle haben keinen religiösen Anstrich – zumindest nicht in dem Sinne, wie wir es heute sehen. Es sind Befehle, die nur das tägliche Leben betreffen, die also mehr ein «Führer für das Verhalten» in der Gesellschaft sind. *Mari* scheint sich nicht verehren lassen zu wollen. Sie zeigt sich keineswegs als Gottheit. Sie verwirft Lüge, Diebstahl, Hochmut, Eitelkeit und den fehlenden Respekt vor den Menschen. Sie fordert die Einhaltung des einmal gegebenen Wortes und die gegenseitige Unterstützung.

Es scheint, daß auch die Strafe nicht in ihr Ressort fällt. Die Verfehlungen werden vielmehr durch eine Art Naturgesetz geahndet. Die Sünder werden durch Einschränkung oder Verlust dessen bestraft, was ihrer Lüge, dem Diebstahl, dem Hochmut, dem fehlenden Respekt oder einer Nichtleistung von gegenseitiger Hilfe zugrunde lag. In den Erzählungen zeigt sich dies durch eine Rücknahme dessen, was den Fehler bewirkt hat, immer eine materielle Grundlage. Ein Sprichwort sagt: «*Eza emana azah eanam*», was geleugnet wurde, wird auch genommen. Oder, wenn man so will, was die Lüge begründet hat, wird auch die Lüge nehmen, oder was den Hochmut bewirkt hat, wird auch durch Hochmut genommen...

Ich bin nicht sicher, ob die heutigen Basken oder ihre Vorfahren *Mari* oder Maria jemals als Gottheit angesehen haben, das heißt als etwas dem Menschen Fremdes. Die Geister des Wassers, des Waldes, der Berge, der Elemente sind Teilaspekte von *Mari-der-Natur.* Gibt man ihnen eine Persönlichkeit, macht man sie menschlich. Respektiert man sie oder versucht man, sie günstig zu stimmen, so übersteigt dies normalerweise nicht, was wir durch verschiedene christliche Akte tun...

Ich bin auch nicht sicher, daß die Tiere nicht in dieser Hinsicht als Teil der Natur angesehen werden müssen. Sie zu nutzen ist eine Frage der Wissenschaft. Und es ist auch nicht klar, ob sich die Menschen tot oder lebendig nicht als einen der Aspekte dieser Natur betrachten.

Mari hat in gewisser Weise Priester gehabt. Priester des Hauses und der Gesellschaft.

17

Das baskische Haus

Es gab eine Zeit, in der die Vorfahren der Basken Häuser bauten. Zweifellos zu einer Zeit, als ihnen die Werkzeuge ein solches Vorhaben ermöglichten oder als die bewohnbaren Höhlen nicht mehr ausreichten. Das war höchstwahrscheinlich zur Zeit der Dolmen. Es steht auch außer Zweifel, daß das gebaute Haus religiös, gefühlsmäßig und entsprechend der Überlieferung die Rolle behielt, die schon die Höhle gespielt hatte... Die Rolle des Hauses im baskischen Gesellschaftsleben ist in unserer heutigen Zivilisation fast unverständlich.
Entgegen allen gesetzlichen Regelungen des Eigentums, die die Basken trotz allem beachten müssen, ist das Haus nur scheinbar das Eigentum eines Mannes, eines Ehepaares oder einer Familie. Das Gegenteil wäre viel richtiger; es sind die Bewohner eines Hauses, die in gewisser Weise das Eigentum dieses Hauses sind. Der Mensch ist keineswegs nur «ein gewisser X», sondern «ein gewisser X aus einem gewissen Haus».
Man hat lange Zeit und sogar bis ins vergangene Jahrhundert noch den Namen des Hauses jenem gegeben, der darin wohnte. Es ist vorgekommen, daß die Basken, die diesen Hausnamen wie einen Familiennamen trugen, beim Militär erfahren haben, daß dies nicht ihr Vatername, ihr bürgerlicher Name war, obwohl sie bis dahin nie einen anderen trugen. Langsam verschwindet dieser Brauch aufgrund der Gesetze über das

Eigentum und die Erbfolge, die allen baskischen Gewohnheiten entgegenstehen.
Traditionell gehört das Haus allen, die darin leben – im allgemeinen einer Familie. Wenn einer der Söhne heiratete und es vorzog, dieses Haus zu verlassen, lag ihm eine Sache besonders am Herzen, das heißt «ein Heim zu gründen», ein Haus zu bauen. Der Name dieses Hauses wurde dann sein richtiger Name als Baske. Zog er in das Haus seiner Frau, bekam er den Namen dieses Hauses.
Jedes Kind eines Hauses hatte dort Aufenthaltsrecht. Ein ganz normales Recht, so daß das Eigentumsrecht für die traditionellen Basken vollkommen absurd ist. Der Erbe war Erbe durch Abstammung und nicht durch Besitz, da er im allgemeinen der Mann oder der Sohn der «Dame des Hauses» war. Denn in diesem Haus residiert eine «Gottheit» *Etcheko-Andere*, die «Dame des Hauses», Frau oder Mutter des Herrn des Hauses... Aber noch viel mehr als das.
Man kann natürlich vermuten, wie ich es in «Les Jacques et le Mystère de Compostelle» getan habe, daß diese Form der Herrschaft, die die «Frau des Hauses» in einer Wohnung hatte, ursprünglich auf die Seefahrt zurückzuführen ist. Die Frau ersetzt den Mann während seiner langen Abwesenheit und ist dann die «Meisterin nach Gott» in der Wohnung des Meisters. Es gibt jedoch einen viel wichtigeren und viel umfassenderen Aspekt als diese Zweckgebundenheit.
Das Haus ist die normale Fortsetzung der Höhle. Es ist die Höhle, die auf der Erde neu gebaut wurde und immer noch Höhle war, ob sie nun von Menschen bewohnt war oder nicht, das Reich von *Mari*. Gehe ich zu weit – meine baskischen Freunde werden das sicher sagen –, wenn ich die Hy-

pothese aufstelle, daß die «Dame des Hauses» zumindest in sehr alter Zeit *Mari* ersetzte und irgendwie eine Projektion von *Mari* in ihren unverletzbaren Höhlen war? *Etcheko-Andere* ist die Vertreterin von Mari, Herrscherin mit einer religiös überlieferten Macht. Sie muß bestimmen, was im Gebiet von *Mari* geschehen kann und was nicht geschehen darf.

Die Wissenschaftler, die sich mit dem Problem der durch das Christentum eingeführten Mentalität beschäftigten – Christentum, das nur den Männern gesellschaftliche und religiöse Aufgaben zuteilt –, konnten weder verstehen noch zugeben, daß es eine weibliche Autorität gab, deren Macht und Grenzen sie oft nicht erkannten.

Viele haben geglaubt, es handle sich dabei um ein Überbleibsel aus einer Zeit des Matriarchats. Gleiches glaubten sie auch von den Bräuchen, die von den ersten Eindringlingen auf den Kanarischen Inseln beschrieben wurden, die aus der Frau die allmächtige Herrscherin im Haus oder in der Höhle machten. Es gibt diese Gewalt, die auf das Haus beschränkt ist, nirgendwo anders als im Baskenland.

Sie haben nicht verstanden, daß *Etcheko-Andere* die Vertreterin eines mehr geistigen als weltlichen Gutes war. Sie war die Hüterin des Tempels. Ihr steht es zu, diesen Ort der Religion in seinem Bestand zu sichern, der gleichzeitig Tote und Lebende beherbergen soll. Denn nicht nur die Lebenden haben das Recht, dem Haus anzugehören, sondern auch die Toten. Die Lebenden leben in dem Haus ihr Leben als Lebende und die Toten ihr Leben als Tote.

Man hat viel von dem «Totenkult» gesprochen, der, ohne spezifisch baskisch zu sein, dort von sehr großer Bedeutung ist. Er ist sicher ein Brauch, der wie *Etcheko-Andere* auch aus dieser Zeit der Höhlen zu stammen scheint. Man hat in der Tat beobachtet, daß in den meisten bewohnten Höhlen des Baskenlandes Tote nicht an der tiefsten Stelle, sondern am Eingang begraben waren. Lange Zeit und sogar noch nach dem Auftauchen des Christentums wurden die Toten des Hauses nicht weit vom Eingang entfernt unter dem Vordach begraben.

Es wäre allerdings übertrieben, von Kult zu sprechen. Das baskische Volk scheint den Tod niemals als endgültiges Ende angesehen zu haben, sondern als Übergang, der nur zu einer Art Ende der Einheit von Körper und Geist des Menschen führt. Die Seele, wenn man diesen christlichen Begriff gebrauchen will, behält ihr Eigenleben und existiert unter unbekannten Bedingungen weiter, um zu erkennen, zu denken und zu wollen.

Aber der Körper bleibt; und zwar nicht nur ein lebloser Leichnam, den alles materielle Leben verlassen hat, sondern ein Leichnam, der noch zu einem spektralen, das heißt affektiven Leben fähig ist... Und dieser Leichnam ist Teil der Familie und des Hauses. In gewisser Weise hat die «Dame des Hauses» in dieser Eigenschaft die Aufgabe, über die religiösen und affektiven Pflichten gegenüber diesem Toten zu wachen. Der Leichnam wird also nicht nur als Leichnam angesehen. Es gibt etwas in ihm, das nicht vollkommen dem Tod gehört. Da er zum Haus gehört, hat er auch das Recht, im Haus zu bleiben.

Dieser Übergang in den Tod umfaßt eine Reihe von rituellen Handlungen, die ziemlich kompliziert sind, die heute zwar noch praktiziert werden, die jedoch aus einer sehr weit entfernten Zeit stammen.

Zum Zeitpunkt des Todeskampfes ist es angeraten, der Seele Erleichterung zu verschaffen. Im Prinzip ist das die Rolle des Klerus mittels Sakramenten, wie Letzte Ölung und Vergebung der Sünden, je nach den augenblicklichen Gepflogenheiten der Religion. Aber man entfernt außerdem vor dem Tod noch einige Dachpfannen, oder man öffnet das Fenster, um den Übergang der Seele zu erleichtern und um zu verhindern, daß sie sich auf dem Weg verirrt.

Wenn es sich um den Herrn des Hauses handelt, müssen Eltern und Freunde, die dem Toten in seiner letzten Stunde beigestanden haben, die Haustiere benachrichtigen, die auch Teil des Hauses sind. Die Aufgabe kommt dem nächsten Nachbarn zu, der als erstes die Bienen informiert, indem er mit der Hand gegen den Korb schlägt und sagt: «*Iatzar, zite, buruzagia hil zaizie* – Erwacht, erwacht, der Herr ist tot.» Falls die anderen Haustiere liegen, läßt man sie aufstehen und übermittelt ihnen dann dieselbe Botschaft.

José-Miguel de Barandiaran, der ein unermüdlicher Sammler aller Bräuche und Traditionen der Basken von der Vorgeschichte bis heute ist, behauptet, daß man noch bis zum Beginn unseres Jahrhunderts den Brauch beibehalten habe, die Neugeborenen, die ohne Taufe starben, im Garten zu begraben. In diesem Teil des Gartens, den man «Garten der Dame des Hauses» nannte, pflanzte man nur Blumen.

Das Begräbnis ist in der Tat ein Teil des Hauses. Wenn die Christen auch ein christliches Begräbnis forderten, so blieben die Familiengräber doch ein wesentlicher Bestandteil des baskischen Hauses. Sie umfaßten im übertragenen Sinne untrennbar auch den Weg vom Haus zum Grab. Wie alle lebenden Familienmitglieder ein Recht auf einen Platz im

Heim haben, so haben die Toten ein Recht auf einen Platz im Grab des Hauses, und niemand kann ihnen dieses Recht nehmen. Auf diesem Weg vom Haus zum Grab hat man jedoch lange Zeit den Brauch beibehalten, das Bettzeug des Toten zu verbrennen, damit er nicht den Weg zurückfinde... Vielleicht ist dies ein Rest Furcht, dem Toten sein Recht genommen zu haben, sein Leben als Toter im Haus zu führen...
Noch heute macht man an zahlreichen Orten dem Toten weiter diese «notwendigen» Angebote: Kerzen, Nahrung, Fleischgerichte und sogar lebende Tiere, die während der Totenfeierlichkeiten an der Tür der Kirche angebunden werden...[1] In einigen Dörfern glaubt man noch, die Toten in ihrem Reich ernähren und mit Licht versorgen zu müssen.
Aberglaube? Zweifelsohne. Aber beruht er nicht auf einer verlorenen Kenntnis? Die C-14-Methode lehrt uns, daß es über den Tod hinaus noch eine Form des Lebens gibt, eine Form materiellen Lebens. Holz, das stirbt, ist nicht vollkommen tot; selbst wenn es verbrannt ist, ist das Holz keine leblose, tote Materie. Eine Form des Lebens wohnt noch in diesen pflanzlichen Leichnamen... Selbst die Umwandlung der Metalle, die zwar langsam, aber stetig vor sich geht, ist ein untrügliches Lebenszeichen.
Weder Tier noch Mensch entgehen diesem anderen Überleben in der Auflösung... Wie sollte man also meinen, eine äußere Hülle sei ohne Leben, wenn doch noch ein Lebensgeist in ihr wohnt...
Wir wissen nichts vom Tod, außer vom medizinischen Tod, wie wir auch nichts von der Geburt wissen, es sei denn von

[1] José-Miguel de Barandiaran: Mythologie basque.

ihrem Vorgang. Darf man daher behaupten, daß nicht andere in dieses Geheimnis eingedrungen sein könnten? Ein verlorenes Geheimnis zwar, aber einige Formen des «Aberglaubens» könnten doch eine mehr oder weniger bruchstückhafte Erinnerung sein. Wie sollen wir wissen, ob diese «Abergläubischen» nicht irgendwie recht haben, wenn sie bestimmte Überlebensformen der Menschen «fühlen», das heißt, wenn Menschen im besten Sinne als Geister tätig werden oder, wie es die Basken glauben, durch Licht und Feuer in Erscheinung treten?

Vielleicht sollte man die christlichen Pilgerfahrten zu den Gräbern einiger Heiliger oder die Pilgerfahrten der Mohammedaner zu den Gräbern einiger Einsiedler nicht auf die leichte Schulter nehmen. Man sollte auch nicht zu sehr über den Erdenkult der Vorfahren und die Bereitschaft staunen, Gräber durch Steine, Pyramiden oder Dolmen zu kennzeichnen.

Die Zeit der Dolmen muß, wie ich schon sagte, jener Zeit entsprechen, in der der Bau der Häuser begann. Es wäre also nicht ausgeschlossen, daß die Dolmen irgendwie der «Keller des Hauses» waren... Das würde keinesfalls die Möglichkeit ausschließen, daß einige dieser Dolmen symbolische Gräber des «Übergangs» in den Tod waren, was vor undenklichen Zeiten immer ein Beweis für die Änderung des Lebens eines Wissenden war, der von einer Form des Lebens in eine andere überging.

Lag ursprünglich in der Tatsache, daß man die Toten irgendwie an das Haus «band», der bewußte und unbewußte Gedanke einer künftigen Wiedergeburt, die in der einen oder anderen Weise den Menschen an seiner Behausung festhielt? Das kann jedoch nur eine Hypothese sein.

Wenn dieser Gedanke bestanden hat, ist er vom Katholizismus abgelehnt worden, der die Toten endgültig ins Jenseits befördert. Es ist allerdings sehr schwer, hierüber irgend etwas in Erfahrung zu bringen. Die ersten in baskischer Sprache verfaßten Texte stammen aus dem 10. oder 11. Jahrhundert. Die Legenden scheinen nichts herzugeben. Aber wir besitzen ja auch nicht alle ursprünglichen Legenden.
Die Basken zeigen dem Tod gegenüber ein ihnen eigenes Verhalten. Es gibt von *Mari* keinen Befehl «Du sollst nicht töten». Andererseits gibt es eine Gegend, wo sehr häufig Selbstmorde begangen werden, als wenn der Baske bewußt oder unbewußt der Ansicht wäre, es sei unnütz, ein verpfuschtes Leben weiterzuführen und es wäre einfacher, neu zu beginnen.
Diese Leichtigkeit, Selbstmord zu begehen, die man auch in Japan findet, zeigen sogar Priester, die auch häufig Selbstmord verüben, obwohl die Aufrichtigkeit ihres Glaubens bestimmt nicht in Zweifel gezogen werden darf.

18

Basa-Jaun

Eine der interessantesten Gestalten der baskischen Mythologie ist *Basa-Jaun*.

Er ist der «Wilde Herr» im einzelnen der «Herr des Hains», der «Herr des Waldes», der «Herr der Natur», der «Meister der Natur».

Er war kein Einzelgänger. Er lebte jedoch abseits der Menschen in einem Stamm oder einer Familie in den Wäldern oder seinen Höhlen. Seine Kameradin ist *Basa-Andere* oder *Baxa-Andere,* die «Wilde Dame» oder «Dame der Natur».

Basa-Jaun war ein Geist mit menschlicher Gestalt, groß und mit sagenumwobener Kraft und Behendigkeit. Man sagt, er sei behaart gewesen. Er soll lange Haare gehabt haben, die sorgfältig gekämmt waren und die sein Gesicht, seine Brust und den Bauch bedeckten und bis zu den Knien herabfielen.

In den Volksmärchen ist er ein Wohltäter, der große Beschützer der Herden und Ernten. Wenn er nicht allzuweit entfernt war, näherte sich kein Wolf. Die Lämmer, die ihn kannten, ließen ihr Glöckchen ertönen, wenn er in der Nähe war. Wenn ein Unwetter drohte, warnte seine Stimme die Hirten in den Bergen.

Es versteht sich von selbst, daß wir es nicht mit einem «Geist» im üblichen Sinne des Wortes zu tun haben.

Alle Erzählungen, die ihn beschreiben, berichten von ihm als einem Mann mit außerordentlichen Eigenschaften, die die menschlichen Fähigkeiten weit übertreffen. In diesem Sinne ist er ein *Jaun*, ein Herr, in allem wie ein Mann gebaut, außer, sagt die Legende, daß er eine kreisförmige Fußsohle hatte, so wie die Königin Pédauque einen Gänsefuß hatte...

Es sei angemerkt, daß sich bei den Alten ein außergewöhnlicher Mensch immer durch die Mißbildung eines der unteren Gliedmaßen auszeichnete. Hephaistos, der Schmied, aus dem die Römer Vulcanus gemacht haben, hinkte. Pythagoras hat einen Schenkel aus Gold. Die Königin Pédauque hat einen Gänsefuß, Melusine einen Schlangenschwanz. Noch im Mittelalter hatten die Statuen der «geweihten» Heiligen ein offenes Knie oder überkreuzte Beine... Es ist wahrscheinlich, daß es sich bei der runden Fußsohle von *Basa-Jaun* um nichts anderes handelte.

Gleiches gilt sicher auch für die langen Haare, die bis zu den Knien reichten und sorgfältig gekämmt waren. Es gibt nämlich im ganzen Westen eine Art Aberglauben, was die Haartracht angeht, deren Bedeutung verloren ist, die aber die Alten noch kannten. Für sie konnte niemand herrschen, wenn seine Haare kurz geschnitten waren. Christlich gesprochen bedeutet Haareschneiden, daß man sich von der Welt zurückzieht, wie die Priester, denen man eine Tonsur schnitt. Der heilige Bernhard führte als Ordensregel die Pflicht ein, daß die Mönche sich den Kopf kahlscheren müßten.

In allen Erzählungen wird deutlich, daß die *Basa-jaunak* in der Tat eine weise Kaste sind, die in allen Dingen der Natur Bescheid weiß. Sie sind die Herren der Natur... Und die Legende schreibt ihnen die meisten Entdeckungen zu, die das Leben der Menschen ermöglichten und erleichterten.

Sie waren die ersten Bauern. Sie bauten Weizen und Mais an,

und wenn es anderen Menschen ebenfalls gelang, dieses Getreide anzubauen, so geschah dies nur durch List, wenn sie sich das Saatgut und das Verfahren des Anbaus beschafften. Sie wurde einer Art «Eulenspiegel» zugeschrieben, der wußte, wie man die *Basa-jaunak* täuschen konnte. Er ist unter dem Namen Samartin oder San Martino bekannt. Darin sollte man aber keine Anlehnung an den heiligen Martin erblicken. Sein Name scheint eher von *Zamarr* zu kommen, was eine wirre, dicke und dreckige Haartracht bedeutet; die genaueste Übersetzung wäre zweifellos «Der Zerzauste»... Dieser Samartin war gleichzeitig listig und unschuldig (siehe Kapitel 1). Durch andere Schliche gelang es ihm, von den *Basa-jaunak* die Zeit der Aussaat, der Ernte und so weiter zu erfahren.

Da die *Basa-jaunak* die ersten Bauern waren, kann man ihnen zweifellos auch die Erfindung des ersten Pflugs zuschreiben, obwohl keine Erzählung etwas Derartiges erwähnt. Sie sind auch die ersten Müller. Ihnen verdankt der Mensch den Mühlstein. Sie sind die Erfinder der Kunst, Eisen zu schmieden und es zu gebrauchen, da sie auch die Erfinder der Säge sind. Dieses Geheimnis konnte ihnen Samartin ebenfalls entlocken. Er hatte von den *Basa-jaunak* erfahren, man müsse als Vorlage das gezähnte Kastanienblatt gebrauchen... Als die *Basa-jaunak* diese Säge unbrauchbar machen wollten, indem sie die Zähne verbogen, wurde daraus die heutige Holzsäge.

Das sind keine Eigenschaften von «Geistern», sondern von Menschen, einer Art Menschen, die mit anderen vergleichbar sind, die aber von diesen getrennt leben. Es sind «Wissende» mit Macht nicht nur über die Menschen, sondern, wie es ihr Name angibt, auch über die Natur. In gewisser Weise die Priester von *Mari*, der Mutter Erde, obwohl ich nicht weiß, ob der Begriff Priester angemessen ist. Meister der Natur, Meister des Hains, Meister des Waldes, wie sie José-Miguel de Barandiaran bezeichnet.

Das sind keine geheimnisvollen Formen von *Mari*. Denn *Mari* macht die Unwetter, die *Basa-jaunak* können nur vor ihrer Ankunft warnen. Sie haben eine bestimmte Macht über wilde Tiere (sie vertreiben die Wölfe) oder über die Haustiere (die Lämmer kündigen ihr Kommen an). Sie bauen Weizen an – sie haben ihn nicht geschaffen –, sie mahlen Mehl und backen Brot. Es handelt sich also um eine Kaste von Wissenden, die man zu anderen Zeiten und an anderen Orten Druiden genannt hat.

Diese Verbindung ist nicht so unlogisch, wie man meinen könnte. Wir haben gesehen, daß die Basken nicht die einzigen Cromagnoiden des Westens sind. Wenn das baskische Blut und die baskische Sprache aus dem Blut und der Sprache der Cromagnoiden des Mesolithikums hervorgegangen sind, ist es wahrscheinlich – nicht sicher, aber wahrscheinlich –, daß diese baskischen Legenden an Bräuche und Formen des Zusammenlebens anknüpfen, die sich mehr oder weniger auf alle Abkommen dieser Schicht erstrecken.

In der Antike kennt man jedoch nur dort Druiden, wo diese Schicht überdauert hat, das heißt im äußersten Westen Europas – genau dort, wo nicht nur das Blut, sondern auch die Ortsnamen die Existenz der Cromagnoiden bezeugen.

Es ist also nichts Außergewöhnliches, bei den cromagnoiden Guanchen *Faykans* zu finden, deren bekannte gesellschaftlichen Attribute dieselben sind wie bei den gallischen oder gälischen Druiden und deren Kenntnisse ähnlich sind wie die der baskischen *Basa-jaunak*.

Es steht fest, daß vor allem in Frankreich und auf den Britischen Inseln der Anteil Cromagnoider mit Blutgruppe 0 sehr hoch ist. Es erscheint nicht ungewöhnlich, daß eine bestimmte Lebensart – wir haben dies bei den Dolmen gesehen – und eine bestimmte cromagnoide Philosophie in diesem Gemisch des Blutes 0A der keltischen Völker in Gallien und auf den Britischen Inseln vorherrschten.
Das sprachliche Problem, auf das man sich bisher ausschließlich gestützt hat, um die Kelten aus dem Iranischen Hochland kommen zu lassen, scheint eine Frage zu sein, die völlig außerhalb der rassischen Abstammung liegt, da das arische Blut B im Westen praktisch nur in den preußischen Randgebieten zu finden ist.
Obwohl Schwarze in Afrika englisch oder französisch sprechen, sind sie rassisch noch lange keine Engländer oder Franzosen. Auch wenn die französische Sprache aus dem Lateinischen entstanden ist, bedeutet dies nicht, daß die Franzosen römischen Ursprungs sind. Die Sprache folgt anderen Wegen und Gesetzen als denen der Invasionen, Eroberungen oder fremder Mächte...
Ist dies einmal klar, muß man doch feststellen, daß es Druiden nach den Erzählungen der Alten nur in Gallien und auf den Britischen Inseln gab. Auf dem Balkan finden sie keine Erwähnung. Die Druiden sind also nur in den Ländern anzutreffen, die eine große Dichte von Cromagnoiden aufweisen.
Es ist vielleicht nicht ohne Interesse, den Begriff *Basa-andere* oder *Maxa-andere* mit dem Guanchenwort *Magnade* zu vergleichen. Die Magnaden waren eine Art weibliche Druiden, die bei den Guanchen die rituellen Zeremonien leiteten.

Guanchen, erinnern wir uns, stammen auch von den Cromagnoiden ab.

Ich habe noch nicht alles Pulver verschossen. Wir wissen, daß die Druiden während ihrer Lehrzeit mehrere aufeinanderfolgende Grade erwarben, unter anderem den des «Arztes» *Ovate.* Um einen Kranken zu heilen, sagt man im Baskischen *hobeagotu,* das in der Alltagssprache wie *obatu* ausgesprochen wird; in der Langue d'oil würde man ovatu sagen.

Außerdem waren die *Basa-jaunak* auch die Herren des Waldes. Wahrscheinlich sind die Kulttänze, die die Basken bei bestimmten Mondständen vor ihren Häusern oder Höhlen tanzten, für die *Basa-jaunak* in den Wäldern bestimmt. Daher kommt auch das Wort Sabbat – *xarabatz.* (Sabbat, wie wir ihn bei einer anderen Art Meister finden – den Baumeistern der Dolmen, den Jentilak. Der Sabbat wurde in ganz Frankreich fast bis zur Neuzeit eingehalten.)

Sie waren keine Einzelgänger. Sie lebten entfernt von den anderen Menschen, aber in Stämmen oder Familien. Die Frauen waren die *Basa-andereak:* die wilden Damen oder die Damen der Natur.

Erinnern wir uns, daß die Druiden keine Tempel wie die Basken kannten, sondern daß sich ihre rituellen Feiern in den «heiligen Hainen» bei Nacht abspielten.

Der «Teufel» des Sabbat ist eine Erfindung der christlichen Kirche. Er ist der allmächtige Teufel in Form eines Bocks, das Tier von Mari, dem zweifellos dieselbe Bedeutung wie dem heutigen «Toro de fuego» zukommt.

All dies wurde christlich umgeformt. Man machte aus ihnen Hexenmeister, böse Geister und Hexen, die man den Flammen der Inquisition oder anderen überließ.

19

Die Jentilak

Wir müssen noch einmal auf die Dolmen zurückkommen. Man sagt, sie seien relativ neue Monumente. Sie stammen aus der Zeit des Neolithikums, das heißt zwischen dem 4. und 2. Jahrtausend vor Christus.

Um die Dolmen ranken sich Bräuche und Legenden. Legenden, die etwas mit Wundern zu tun haben. Es scheint, daß zumindest im Baskenland in den Legenden und Bräuchen eine Wahrheit erhalten ist, die mehr die Menschen denn Wunder betrifft.

Nach der Legende sollen die baskischen Dolmen von den *Jentilak* gebaut worden sein.

Jentilak ist die Mehrzahl von *Jentil.*

José-Miguel de Barandiaran sagt dazu in seinem «Dictionnaire de mythologie basque» [1]: «Jentil, Heide. Auf diesen Namen beziehen sich die unterschiedlichsten Mythen. Der Jentil soll ein wilder Mann mit außergewöhnlicher Kraft gewesen sein, der in den Bergen in einem weitentfernten Haus lebte. Er warf Felsen über weite Entfernungen. Ein Heide, der im allgemeinen im Frieden mit den Christen lebte und sie sogar unterstützte. Er war auch ein Bewohner des Hochgebirges, der die Großzügigkeit der Christen ausnutzte. Er lebte in verschiedenen Höhlen des Landes (Jentilzulu: Höhle des Jentil).

[1] Bilbao 1972.

Er war der Bergmann in den Bergwerken von Arrola, der erste Anbauer von Weizen, der erste Schmied, der erste Müller. Er half dank seiner Kraft beim Bau der ersten christlichen Kirchen. Er war der Erbauer des Cromlech, der darum Jentilbaratz genannt wird: Grab des Jentil oder Jentilbarri (gleicher Sinn). Er war der Erbauer von Häusern...»

Man erkennt in diesen Attributen der *Jentilak* viele Eigenschaften der *Basa-jaunak* wieder. Übrigens ist das Wort Jentil selbst sicher nicht baskisch, sondern lateinisch oder Vulgärlatein, da es eine christliche Bezeichnung für Heiden ist.

Man kann also annehmen, daß es sich um ein Eigenschaftswort handelt, das jenen gegeben wurde, die vorher einen anderen Namen trugen und die vielleicht die *Basa-jaunak* waren. Für die Christen mußte die Bezeichnung der Heiden als «Herren der Natur» unerträglich sein.

Die *Basa-jaunak* leben mehr oder weniger neben den Menschen. Gleiches gilt für den *Jentil.* Er wäre zweifellos der letzte, der das Christentum annähme, das sich erst sehr viel später im Baskenland durchsetzte. Nicht als Religion, sondern als «allumfassende Heilslehre» im Sinne der katholischen Kirche. Dieser «Katholizismus», das heißt diese Allgemeingültigkeit, war um so unannehmbarer für die Basken, da er nicht auf der Politik der letzten römischen Kaiser fußte, die den Basken rechtliche und tatsächliche Eigenständigkeit ließen. Er beruhte vielmehr auf der Politik der Barbaren, die alles unterwerfen wollten und gegen die sich das Baskenland hartnäckig verteidigte.

Die gleichen Jentil finden wir wieder, nachdem sie auf ihre Art Christen geworden sind – unter dem Namen «Eremiten» entlang des Weges nach Compostela.

Jentil – dieses Wort ist spät entstanden und liegt viel später als die Dolmenzeit. Es hat keinen historischen Hintergrund, bezeichnet jedoch bestimmte Heiden. Zunächst einmal sind die Jentil Menschen, die in die Mythologie keinen Eingang gefunden haben. Übrigens sind die in den Dolmen aufgefundenen Menschenreste schon Basken; baskische Cromagnoide. Es handelt sich nicht um eine isolierte Volksgruppe, die Erbauer der Dolmen sind Teil der baskischen Bevölkerung.

Aus den Erzählungen und Legenden über die *Jentilak* erfährt man, daß sie sich kaum mit der Bevölkerung vermischt haben. Sie stellen vielleicht keine Klasse dar, aber auf jeden Fall sind sie ein Begriff, der die Erinnerung an abseits lebende Wesen aufkommen läßt – die Erinnerungen gehen im Baskenland weit zurück. Sie sind allein schon wegen ihrer physischen Kraft bekannt. Diese Legende ist zweifellos durch die Taten entstanden, die man ihnen zuspricht.

Sie hinterließen mehr Spuren als die *Basa-jaunak*. Man bringt sie im allgemeinen mit dem Stein in Verbindung – aber nur der Stein bleibt. Die Tatsache, daß man sie Heiden genannt hat, läßt vermuten, daß es neben der christlichen Bevölkerung jener Zeit diese Menschen gab (sie sind im übrigen noch lange Zeit Handwerker, die Stein, Holz und Eisen bearbeiten und Bergwerke betreiben).

Sie sind jene, die die Steine bewegen. Sie werfen sie spielerisch von Berg zu Berg, das heißt, sie wissen, wie man die schwersten Steine mit Leichtigkeit bewegen kann.

Sie sollen die *Jentillarri* bewegt haben. Mit diesem Namen bezeichnet man häufig gewisse Felsblöcke, die die Jentilak in weitentfernte Gebiete warfen. Dies gilt zum Beispiel für die Megalithen im Wildbach von Urdiola, die von Jentils beim

Boulespiel zwischen zwei Berge geworfen wurden. Der Felsen namens *Aitzbiribil* (runder Stein) wurde vom Gipfel eines Nachbarberges ebenfalls dorthin geworfen. Eine große Steinkugel liegt in der Quelle von Trapuxar, in der Nähe der Eremitage von Aitziber. Die Kugel war aus den Händen der Jentils gefallen, als sie vor jener Boule spielten...

Diese Steintransporte, die man zeitlich nicht einordnen kann, haben sich in Form eines Spiels bis in die letzten Jahre erhalten. Hierbei erfolgte der Transport mit einem Ochsengespann auf toniger Erde. Man wollte in diesem Spiel vielleicht nicht ohne Grund einen möglichen Weg darstellen, wie die Dolmensteine transportiert wurden.

Aber die Jentil sind vor allem Baumeister. Zunächst einmal die Dolmen. Es gibt einige, die man noch «Haus der Jentil» – *Jentiletche* – nennt. Es handelt sich natürlich um eine nachträgliche Namensgebung. Denn sie wohnten wie alle übrigen Menschen jener Zeit gewöhnlich in Höhlen. Einige tragen immer noch ihren Namen. Auf dem Berg Arrigorieta gibt es Grotten, die nebenbei bemerkt eine archäologische Schicht des Neolithikums enthalten, deren Namen *Jentiletcheeta* ist: Ort der Häuser der Jentil. In Leiza tragen zwei Grotten den Namen *Jentilzulo:* Grotte der Jentil. Einige Felsen in der Nähe der Eremitage von San Martin (Manaria) heißen *Jentilarriak:* Steine der Jentil. Sie bilden eine Grotte, die als ehemalige Behausung der Jentil angesehen wird... Die Überlieferung sagt auch, daß einige von ihnen in den Höhlen am Berg Urrusti, in der Nähe von *Jentilzubi* – Brücke der Jentil – gelebt haben.

Zum Beweis, daß diese Menschen keine Geister waren, die der Phantasie der Erzähler entstammten, waren sie sterblich... Sie wurden begraben, und nicht nur in den Dolmen.

Es gibt zahlreiche Cromlechs, die noch *Jentilbaratz* – «Grab des Jentil» – genannt werden. Sie haben sogar Grabsteine gehabt. Ein *Jentilbaratz* befindet sich auf einem hohen Gipfel oberhalb der Kette von Arratera in der Nähe von Ataun. Dort sieht man noch die Reste einer doppelten Mauer, die als Fundament für eine mittelalterliche Festung im 12., 13. und 14. Jahrhundert benutzt wurde.
Diese den *Jentilak* zugeschriebenen Arbeiten erstrecken sich über mehrere Jahrtausende. Darüber darf man nicht erstaunt sein. Der Baske trennt kaum zwischen Vergangenheit und Gegenwart, so daß es immer noch die Jentilak sind, die eine Reihe von christlichen Kirchen gebaut haben. Sie wirkten zum Beispiel beim Bau der Kirche von Saint-Martin d'Autan mit. Die Tür wurde nach der Legende von den Jentil mit Steinen erbaut, die sie aus der Sierra von Aizkorri dorthin warfen. In dieser Kirche werden zwei Bilder der Jungfrau Maria verehrt, die als Schwestern der fünf anderen baskischen Jungfrauen angesehen werden.
Auch andere Kirchen soll man ihnen verdanken: Muxica, Ondarros, Marquina, Elgueta, Antigua de Zumarriaga, Onate, Opacua, Zurbano, Urdiain, Oyarzun und so weiter. Das ist viel für die heidnischen «Geister»... Man ist versucht, diese Bauten mit denen zu vergleichen, die unbekannte «Geister» unter der Leitung von Melusine so schnell errichtet haben: Lusignan, Mouvant, Saint-Maixent, Putauges und andere. Sie wurden in jenem Poiteviner Stil gebaut, der auf die Baumeister der Pyrenäen zurückzuführen ist.
Als die Jentil keine Heiden mehr waren und also auch keinen Grund mehr hatten, diesen Namen zu behalten, tauchten andere Baumeister auf, die sich vieler baskischer Kirchen an-

nahmen: die *Eremiten.* Es ist von der geographischen Seite bemerkenswert, wie viele «Häuser der Jentil» und Steine, mit denen sie gespielt haben, sich später in der Nähe jener Orte befanden, die man «Eremitagen» nannte.

Über die meisten «Eremiten», wie die Christen sie nannten, gibt es sehr deftige Geschichten. Wenn der lateinische Name überhaupt einen Sinn haben soll, hätten sie einsam in der Wüste leben müssen *(eremus).* Genau wie die Jentil finden wir sie jedoch als Erbauer von Kirchen, Brücken, Palästen, manchmal von Festungen entlang des ganzen Weges von Saint-Jacques. Diese Eremiten mit ihrem Gefolge – sie haben ja nicht allein gebaut – errichteten die ersten sogenannten westgotischen Klöster (es ist natürlich ausgeschlossen, daß die Westgoten, denen es niemals gelang, ihren Fuß auf baskischen Boden zu setzen, dort den Baustil hätten beeinflussen können). Nachdem sie den mozarabischen Stil angenommen hatten, begründeten sie die Romanik, die von dem byzantisch-karolingischen Stil abwich, den man noch entlang des Weges nach Compostela findet.

Diese «Eremiten», vor ihnen die Jentil und davor die *Basa-jaunak* waren «Zauberer». Sie kapselten sich von der Gesellschaft ab und lebten abseits der anderen Menschen...

Wie die *Basa-jaunak* waren die *Jentilak* Schmiede – die Ära der Dolmen erstreckte sich, obwohl das nur von relativer Bedeutung ist, vom Bronzezeitalter bis zur Eisenzeit. Wir wissen, daß die Basken ausgezeichnete Bronzehersteller und gute Schmiede waren... Wir stehen hier vor einer Kontinuität, die bei jedem anderen Volk erstaunen würde, die aber im Baskenland nichts Außergewöhnliches ist. Diese findet in der Sprache durch Jahrtausende bis heute ihre Fortsetzung.

Die Erzähler haben sie manchmal mit geheimnisvollen Gaben ausgestattet, die jedoch keine Illusionen wecken sollten. Im Geist der Legenden sind sie wissende Menschen, die erfinden, produzieren und lehren.
Die ersten sind die «Herren der Natur». Ihre Wissenschaft ist darauf «konzentriert», wie man aus der Natur Nutzen für das Leben der Menschen ziehen kann. Sie sind Viehzüchter, denn sie machen wilde Tiere zu Haustieren. Sie sind Bauern, denn sie führen den Anbau von Weizen ein. Sie sind sogar Mechaniker, denn sie bauen die ersten Mühlen, aus denen das Brot kommt, das sie ebenfalls erfinden. Sie sind Schmiede und daher auch notwendigerweise Bergleute im Erz- und Kohlebergbau. Das sind die *Basa-jaunak.*
Dieselben Eigenschaften, dieselben Attribute finden wir bei den *Jentilak* wieder, nur ein neuer Name nach der Christianisierung. Ihr usprünglicher Name ist verschwunden, aber es handelte sich allem Anschein nach um *Jakinak* – Wissende. Sie scheinen der Viehzucht und dem Ackerbau weniger zugetan gewesen zu sein als die *Basa-jaunak.* Sie sind dagegen Schmiede und Baumeister und von daher auch Zimmerleute.
Zwischen den *Basa-jaunak* und den *Jentilak* gibt es trotz der Ausschmückungen und Verwässerungen keinen Bruch in der Kontinuität, nicht einmal einen feinen Unterschied.
Sie sind schon ein Völkchen, eine *Ichidego,* die zugleich Kameradschaft und Gleichheit impliziert.
Sie bauen Dolmen und Häuser. Obwohl sie Heiden sind, bauen sie auch Kirchen. Zur Zeit Roms wirkten sie an den römischen Bauvorhaben mit. Man findet Stelen aus dieser Zeit, die mit Reliefs versehen sind, die den Eindruck vermitteln, daß

sie ebenfalls (vielleicht unter römischer Führung und mit römischer Technik) Pontifices waren. Eine Brücke trägt noch ihren Namen.
Sie bauen Kirchen und werden mehr oder weniger Christen. Man kann sie nicht mehr als Jentils, als Heiden, bezeichnen. Da sie abseits leben, werden sie «Eremiten» genannt. Diese Eremiten gehen als erste nach Compostela. Sie nehmen den direkten Weg, den der Sterne, den sie auf der Erde für alle Zeiten markieren. Davon blieb nichts außer dem Namen der Sterne.
Jetzt sind sie nicht mehr die Jentil, sondern die wissenden *Jakinak,* wahrscheinlich jene, die man in Frankreich die «Jacques»[1] nannte. Jene, die die Pyrenäenbruderschaft der «Enfants de Maître Jacques» schufen.
Es gibt eine baskische Erzählung, nach der baskische Baumeister an dem Bau des Turms von Babel mitgewirkt hätten. Sie seien mit Schiffen zu diesem Bau gefahren, der nach der Erzählung niemals vollendet wurde, da die Grundmauern nicht ausreichend gesichert waren.
Es gibt eine andere Erzählung der Enfants de Maître Jacques, nach der Baumeister aus den Pyrenäen von Hiram gerufen wurden, um am Bau des Tempels des Salomon mitzuwirken. Sie hätten unter anderem eine der Säulen des Tempels, die sogenannte *Jakin*-Säule, errichtet.
Während des Baus christlicher Kirchen und Dome zogen die Baumeister von Baustelle zu Baustelle. Sie kannten auch eine Wanderzeit, die ihre Nachfolger als Tradition beibehielten. Sie wurden die Compagnons du Tour de France. Es ist also

[1] Siehe Les Jacques et le Mystère de Compostelle, Editions Robert Laffont.

nicht unmöglich, daß die wissenden Jakinak *Joaki* wurden, «Reisende» (Joaki bedeutet im Fahren begriffen sein...).

Wie eigenartig die Dinge sind, sieht man daran, daß die Abkommen der alten Zunft der Baumeister, die im Mittelalter unter dem Namen Enfants de Maître Jacques bekannt waren, heute die «Compagnons *passants* du Devoir» geworden sind...

Basken? Der Begriff ist vielleicht zu eng. Man darf nicht vergessen, daß sich diese Volksgruppe, aus der die baskische Rasse hervorging, vor den Invasionen der Römer und Barbaren nicht auf jene kleine Ecke beschränkte, wo sie heute lebt, sondern sich über die gesamten Pyrenäen von einem Meer zum anderen erstreckte und bis zum Zentralmassiv reichte. Und es sind eben diese Baumeister aus den Pyrenäen, die für den romanischen Stil in den Pyrenäen verantwortlich sind, der zur Poitevinischen Romanik wurde.

Alle Menschen der Vorgeschichte oder Geschichte arbeiten mit den Händen. Es sind die «Wissenden der Hände.» Die Handarbeit darf man nicht außer acht lassen. Dieses Handanlegen findet man überall in den Pyrenäen... Führt uns das aber nicht viel weiter zu den *Basa-jaunak* des Neolithikums?

Mit diesen Händen malte man zur Zeit des Magdalénien auf die Wände der Höhlen. Sie sind wie Zeichen dort, einige mit allen Fingern, andere mit gekrümmten oder fehlenden Fingern. Im allgemeinen sind sie dadurch entstanden, daß man die Hand gegen die Wand drückte und mit Farbe besprühte, wodurch nur ihre Silhouette sichtbar wurde. Man vermutet, daß man die Farbe als Nebel auf die Wand blies, wahrscheinlich in der gleichen Art wie unsere modernen Spritzpistolen.

Den Sinn dieser Hände kennen wir nicht. Leroi-Gouran hat die Hypothese vertreten, es handle sich vielleicht um ein Zeichen der Unterweisung...

So schön und wissenschaftlich auch die Berechnungen sein mögen, durch die man heute die Menschen auf den Mond schicken kann, so fliegen sie nur dorthin, weil die Hände der Menschen die notwendigen Apparate hergestellt haben... Es steht fest, daß der Mensch nur Mensch durch seine Hände ist. Es gibt kein menschliches Werk, das nicht von Hand getan wird. Sie ist ihm eigen... Und das gilt auch heute noch. Auch die gescheitesten Wissenschaftler können ihre Vorstellungen nur durch ihre Hände in die Tat umsetzen.

Alles, was uns vom Menschen der Vergangenheit noch bleibt, entstand ausschließlich durch die Hand, eine intelligente Hand. Sie ist nicht nur ein Instrument im Dienste anderer Sinne und der Denkfähigkeit, sondern bildet die Sinne und verleiht diese Fähigkeit zu denken. In der Tat ist die Hand das, wodurch alles wird. Die ersten Gesten eines Kindes sind dazu bestimmt, zu tasten. Alles anzufassen. Um alles durch die Hand zu «lernen». Mehr als jeder andere Sinn «empfängt» die Hand die äußere Welt nicht nur in der Form, wie man sie «ertastet», sondern auch in ihrer Natur. Ich habe einmal einen Rutengänger getroffen, der den unterirdischen Wasserläufen nur «folgte», indem er die Hand über dem Boden ausstreckte. Wenn man mir nicht glaubt, möge man nach Evian gehen und fragen, wie man die Quelle Cachat gefunden hat, die einmal infolge eines Erdrutsches ihren Lauf änderte.

Die Geologen beißen sich daran die Zähne aus...

Jeder Tierzüchter oder auch nur Tierhalter weiß, daß es neben der Stimme kein besseres Verständigungsmittel mit einem Tier gibt als die Hand.

Es ist also nicht erstaunlich, die Hand auf den Höhlenmalerien wiederzufinden (sie ist nicht vergöttlicht, denn Vergöttlichung erscheint mir eher römisch als primitiv), sondern sie wird als wichtigste Fähigkeit des Menschen angesehen.

Zweifellos hat Leroi-Gouran recht, wenn er von Unterweisung bei diesen Darstellungen der Hand spricht. Es steht fest, daß es eine Unterweisung der Hand gibt, selbst wenn sie ihr Ritual verloren hat... Die modernen Erfindungen entstanden nicht durch die Polytechnik, sondern sind das Ergebnis der Arbeit mehr oder weniger begabter Bastler... Man kann mit dem Auto und dem Flugzeug beginnen. Die mathematische Perfektion kam erst an zweiter Stelle.

Diese Aussage war unbedingt nötig, denn die Hände, die wir in den Höhlen gefunden haben und die auf außergewöhnliche Künstler schließen lassen, finden wir in der Kunstgeschichte der Gebiete des Südwestens, der Pyrenäen, Kantabriens und Galiziens wieder.

Aus der vorkeltischen Zeit der galizischen Gebiete gibt es vor allem in Portugal einige anthropomorphe Darstellungen von Händen (Museum von Guimarhaes), die manchmal ziemlich ungeschickt angefertigt sind. Bei diesen sind die Hände sorgfältig vom Körper getrennt und scheinen große Bedeutung zu haben, da sie manchmal zehnmal so groß sind, wie es ihnen eigentlich zukäme. Der Rest des Körpers ist gut proportioniert, was darauf schließen läßt, daß diese den Händen gegebene Bedeutung nicht ganz unbeabsichtigt war. Die Beispiele dafür sind sehr zahlreich. Manchmal ist auch nur eine Hand schlecht proportioniert.

Diese riesigen Hände finden wir in der Romanik der Pyrenäen vor allem bei den Engeln wieder, die oft den Kreis oder das Oval halten, in dem sich das Christusmonogramm befindet, Hauptzeichen der Pyrenäenbaumeister. Diese Hände nehmen gegenüber den Körpern der Engel riesige Formen an. Man findet solche Hände sogar als Weihwasserkessel von Urrugne.

Die Hand Gottes findet man außerdem noch für den Gott, der die Welten in den Wölbungen des Nordportals von Chartres schafft. Ebenso am Portail de la Glorie von Saint-Jacques-de-Compostelle. Mateo gibt den Händen des heiligen Johannes Stellungen, deren Bedeutung uns noch unbekannt ist.

In Villesalem in der Poitevinischen Kirche des alten Benediktinerklosters ist eine ganze Wölbung mit Händen ausgeschmückt...

Es steht also fest, daß der Darstellung der Hand in der gesamten baskischen oder baskennahen Region ein besonderes Gewicht gegeben wurde, eine Bedeutung, die den einfachen Wunsch nach Darstellung übersteigt und die in irgendeiner Weise diese Hand «heilig macht». Diese Verherrlichung der Hand seit der Zeit der Höhlen bis heute hat nie aufgehört, wie auch immer die Lebensumstände und die Religionen waren. Im Baskischen heißt die Hand *ezku.* Ich bitte die baskischen Philologen um Vergebung, wenn ich mich erbärmlich irren sollte, aber in derselben baskischen Sprache heißt das Gebiet *alde. Ezkualde* ist das Gebiet der Hand. So nennt man auch die baskische Sprache.

Ist es ein zufälliges Zusammentreffen? Dann wäre dieses Zusammentreffen außergewöhnlich. In allen Gebieten, in denen

«Urbaskisch» gesprochen wurde (die Ortsnamen weisen aus, daß diese Sprache fast in ganz Aquitanien beheimatet war), findet man diese Verherrlichung der Hand und dies zur Eiszeit.

Das Wort und die Hand. Das sind die einzigen Vorzüge der menschlichen Welt gegenüber der Tierwelt. Unsere übrigen Sinne unterscheiden sich durch nichts von den Tieren, die riechen, sehen, schmecken und ebensogut oder besser hören als wir... Eine intellektuelle Überlegenheit außer der durch die Hand und die Sprache bliebe noch zu beweisen...

Die Alchemisten – die richtigen, die im Labor arbeiten – haben einen Ausdruck, um die manuelle Geschicklichkeit zu beschreiben, die für die «Arbeit am Feuer» notwendig ist, damit die Tat geschehen kann: *Main de Gloire* (Glorienhand), die sie unter dem phonetisch ähnlichen Namen *Mandragore* verbergen (und Gott weiß, welcher Aberglaube dadurch entstanden ist!).

Es ist bemerkenswert, daß die Basken dieselbe Ausdrucksform benutzen, um ein neues Wort zu schaffen, indem sie das Verb machen = *egin* an das Wort anhängen. Sprechen heißt *hitzegin* von *hitz* = Wort und *egin* = machen.

Aber die Sprache ist zugegebenermaßen schrecklich korrekt. Ich übertreibe zweifellos – denn wirklich ist, was benannt ist, was einen Namen trägt, was durch das Wort gemacht ist, eine Folge dessen, was von der Hand *gemacht* ist.

20

Folklore

Nun kommen wir zur baskischen Folklore. Man darf sie nicht einfach übergehen. Es handelt sich natürlich wie bei der Folklore aller Provinzen um alte Bräuche, die sich bis ins Heute erhalten haben. Im Gegensatz zu den Bräuchen vieler anderer Provinzen besteht im Baskenland eine Besonderheit, daß sie noch lebendig und ebenso wie die Sprache Teil des heutigen Lebens ist.

Wie ich schon sagte, lebt der Baske nicht ohne seine Ahnen. Sie sind unter Führung der Dame des Hauses in diesem vorhanden. Der Baske ist er selbst *und* seine Ahnen.

Daraus folgt, daß die Folklore im Baskenland nicht nur eine mehr oder weniger phantasievolle Darbietung ist, sondern zum alltäglichen Leben gehört und einem Ritual mit religiösem Inhalt gleicht. Die bekannteste folkloristische Äußerung dieser Art ist das Pelote-Spiel.

Es handelt sich dabei um ein altes Spiel. Es ist nicht spezifisch baskisch. In vorkolumbianischer Zeit spielte dieses Spiel in Teilen Südamerikas eine Rolle. Ursprünglich besteht das Spiel darin, einen Ball von einem Feld aus mit der Hand, mit einem Stock oder mit einem Schläger zu schlagen. Das wurde in Frankreich zum *Paume* oder zum *Longue paume.*

Heute spielt man dieses Spiel – es gibt unzählige Abarten –, indem man den Ball gegen eine Wand schlägt. Diese Abart ist jedoch relativ neu, denn der Ball muß aufspringen können, das heißt, er muß elastisch sein. Der ehemalige «esteuf» dagegen war ein Lederball, der mit Stoffetzen oder Sägespänen gefüllt war, so daß er nicht springen konnte. Das Spiel mit dem elastischen Ball kann also erst aus der Zeit der Entdekkung des Gummis stammen.

Zunächst spielte man mit der bloßen Hand, später mit einem Handschuh, der mit Horn verstärkt war. Dieser Handschuh wurde weiterentwickelt zur «chistera», einem in bestimmter Weise geflochtenen Korb. Wenn dieser richtig eingesetzt wird, ist er kein Schlaginstrument mehr, sondern eine «Wurfmaschine», in der der Ball in einer kreisenden Bewegung gefangen und mit ungeheurer Geschwindigkeit in Art einer Schleuder wieder fortgeworfen wird.

Das Wort *chistera* ist die baskische Umformung eines Begriffes, der ursprünglich aus dem Lateinischen stammt und Korb bedeutet. Es handelt sich um einen Korb in einer besonderen Form, der ursprünglich aus Rosenbuschzweigen geflochten war (*cistel* im Lateinischen).

Das Interesse an der Vervollkommnung des Handschuhs scheint nicht im Spiel begründet zu sein. Dieser «Korb» war vielmehr eine kraftvolle Wurfmaschine. Sie widerspricht an sich dem Spiel, das verlangt, daß der Ball geschlagen wird und nicht in der Chistera aufgefangen und wie mit einer Schleuder zurückgeworfen wird.

Ich glaube, es ist ein Beispiel atavistischer Erinnerung. Die Basken haben in diesem Spiel eine Waffe der antiken Vorgeschichte wiedergefunden, eine Wurfwaffe, deren Wirksamkeit furchtbarer war als die ligurische Schleuder.

So dachte zum Beispiel im Ersten Weltkrieg ein Pelote-Meister daran, meines Wissens war es Chiquito de Cambo, seine

Chistera zum Werfen von Handgranaten zu benutzen, wodurch er eine größere Reichweite erzielte als durch bloßen Armwurf. Die Handgranate ist natürlich nicht für den Gebrauch mit Korb konstruiert, in den man nur ein kleineres Geschoß legen kann, das möglichst auch noch rund sein soll... Es war sicher nicht nur Zufall, daß man die Kugeln der Kanonen «biscayen» nannte, runde Steine von vier bis fünf Zentimeter Durchmesser, in der Größe eines Peloteballs, die man an sich beim Billard verwendet. (Außerdem scheint man die kurzen Messerklingen nicht grundlos Bajonett genannt zu haben, die ursprünglich Eisenspitzen der baskischen *makila* waren, jenes traditionellen Stocks, der gleichzeitig als Spazierstock und als fürchterliche Waffe angewendet werden konnte.)

Irrintzina ist ebenfalls ein Teil der baskischen Folklore. Es ist vielleicht der unübersetzbarste Teil. Jener, der der Analyse des Ausländers am meisten entgeht. Es ist ein langer Schrei, dessen Grund uns aber unbekannt ist. Seine Bedeutung ist «Wiehern», und manchmal ähnelt es dem Wiehern eines Pferdes. Man hat daran gedacht, es könne sich dabei um einen Ruf von Hügel zu Hügel handeln, um einen Warnschrei, um einen Versammlungsschrei, einen Kriegsschrei – all das ist möglich.

Die Entstehung dieses Schreis, der nur sehr schwer zu erzeugen ist, ist vollkommen unbekannt. Man weiß nicht, ob er überliefert ist und ebenso strengen Gesetzen gehorcht wie bestimmte musikalische Kompositionen.

Der Schrei ist allem Anschein nach nicht «menschlich» im volkstümlichen Sinne des Wortes, wie es seine semantische Ähnlichkeit mit dem Wiehern verrät. Es ist ein «heiliger»

Schrei, wie es sein ihm eigener und ritueller Charakter anzeigt. Er enthält, scheint mir, die Wurzel *itz*, die Sprache oder Wort bedeutet, was aus ihm ein Kommunikationsmittel macht, das man vielleicht mit *Intziri* = Heulen, Klagen in Zusammenhang bringen muß.

Der Klang macht aus ihm einen Aufruf; einen Ruf, der eine gewisse magische Kraft hat oder gehabt hat...

Ich möchte eine Erklärung versuchen oder zumindest den Versuch einer solchen wagen. Ich neige zu der Ansicht, daß es sich um einen Klageschrei handelt, der bei einem bestimmten Zeremoniell für die Toten, die Ahnen ausgestoßen wurde. Das wäre jener rassische Zusammenhang, der so gut bewahrt wurde. Er unterscheidet sich auf jeden Fall in Geist und Inhalt vollkommen von jener Pfeifsprache, die die baskischen Bergbewohner manchmal benutzen, um sich von einem Berg zum anderen zu verständigen.

Dieses Verständigungsmittel wird heute noch von den Bergbewohnern der Insel Gomera auf den Kanarischen Inseln benutzt. (Falls ein gemeinsamer Ursprung besteht, ist dies ein Kommunikationsmittel, das sich über die Zeit erhalten hat und in den weiten Fernen des Neolithikums verschwindet.)

Wir wissen durch Strabon, daß die Basken während einer bestimmten Zeit, das heißt vor der Christianisierung, in bestimmten Nächten der Gottheit kultische Tänze darbrachten. Dieses Ritual spielte sich in jedem Haus ab. Das Haus blieb in gewisser Weise der Tempel, und die Bewohner des Hauses widmeten ihm dieses Ritual.

Hierin zeigt sich der sakrale Charakter des Hauses, den es noch heute gibt. Es gibt ihn immer noch, und er ist faszinie-

rend. Nichts im baskischen Geist verschwindet, sondern es wird nur transformiert, ohne daß dabei die Basis zerstört wird, die die Bräuche geschaffen hat.
Es ist möglich, daß schon lange vor Strabon diese Tänze vor den Höhlenwohnungen stattfanden. Sie sind ein Brauch, der wie die Sprache aus mesolithischen Zeiten stammte.
Man kann annehmen – und wie sollte man es nicht annehmen? – daß es außer den «häuslichen Tänzen» noch andere gab, zu denen sich der «Stamm», der «Clan», zu bestimmten Jahreszeiten versammelte, wahrscheinlich Fruchtbarkeitskulte, wenn nicht Befruchtungsriten. Sie gleichen jenen, die sich auf den Kanarischen Inseln unter der Führung des *Faikan* – des kanarischen Druiden – abspielten, der vielleicht im Baskenland ein *Erascles* (Meister) war. Dort fand zweifellos die Versammlung im Wald statt, der *xarabatz* – der Sabbat –, den die Kirche für dämonisch erklärte.
Es gibt in der Biskaya noch eine *Sorgin-Danza*, den Hexentanz. In der Ebene von Navarra gibt es eine *Akher-danza*, den Tanz des Bockes. Solche Tänze finden wir in sehr großer Zahl. Von der Biskaya bis Adour ist fast kein Ort, der nicht seinen eigenen Tanz hätte. Natürlich haben sich die Bräuche geändert – und werden sich sicher weiter ändern, so wie nach der Französischen Revolution das Kostüm der Marketenderin Eingang in einen der bekanntesten folkloristischen Tänze fand; ein Kostüm, das *Andere*, das heißt die Dame verkleidete...
Übrigens ist dieser Tanz in sich ein in der Zusammensetzung der Tänzer geheimnisvoller Tanz, dem die Hauptfiguren des Schachbretts zu entsprechen scheinen. Außer der Marketenderin gibt es den Ritter mit seinem Wams, den Irren, manch-

mal mit einer Kugel am Band (Hochnavarra), den Turm und den König, der häufig eine Standarte trägt.

Außerdem gibt es eine *makhila-danza* (Tanz des Balls), eine *Epada-danza* (Schwertertanz), einen sehr ausdrucksvollen Tanz um ein bis zum Rand gefülltes Glas, das man in Passaden und Kreuzsprüngen einbezieht (Tanz des Bechers) und einen Tanz, der die vier Farben des Tarocks zum Inhalt hat...

Alle diese baskischen Tänze, die hauptsächlich aus Sprüngen bestehen, erfordern besondere Übung, zu der nur ein Baske fähig ist, und die zweifellos wie alle Dinge in diesem Land mit der Sprache in Beziehung stehen. Sie stehen allem Anschein nach in Verbindung mit einer Weihe durch Gesten und einem Flug über die Erde...

Aber an diesem Punkt darf ich nicht weitermachen, wenn ich nicht vermeidbare Irrtümer verbreiten will.

Ich darf jedoch auf keinen Fall den Fandango, jenen Tanz der Freude, auslassen, der mit der *zapateada* – spanischer Ausdruck für Trippeln – verwandt ist. Eine alte Technik, um die Lebenskräfte der Erde zu heben, den die Basken die ganze Nacht hindurch mit der größten Freude ohne Unterbrechung tanzen können.

21

Was nun...

Was soll man nun über die Basken sagen? Die Franzosen wie auch ihre Nachbarn, die Spanier, haben diesen Menschen gegenüber eine gewisse Verantwortung.

Sie sind weder Franzosen noch Spanier, sondern Basken. Sie sind nie etwas anderes gewesen. Könige oder kleine Lehnsherren wollten sie angliedern – oder versuchten, es zu tun –, aber es gelang ihnen niemals, sie in eine Nation zu integrieren. Daß die Basken den Römern, Westgoten, Franken, Spaniern, Franzosen «gedient» haben ist eine andere Sache. Jean de Béthencourt diente als Normanne den katholischen Königen, ohne daß diese Tatsache jedoch dazu geführt hätte, daß jene das Recht gehabt hätten, sich als Herren der Normandie zu fühlen.

Als Volk haben die Basken immer erklärt, sie seien Basken und nichts anderes. Wenn man ihre Mentalität kennt, weiß man sehr wohl, daß es sie nicht stört, wenn man sagt, sie gehörten dieser oder jener Nation an. Ein dem Namen beigefügtes Adjektiv kann sie nicht aus der Ruhe bringen. Versucht jedoch jemand unter dem Deckmantel dieses Adjektivs aus ihnen Kastillaner oder Berrichoner zu machen, dann widersetzen sie sich.

Zu Unrecht? Sicher nicht. Sie haben keine typisch spanischen Eigenschaften, aber auch die französischen sind ihnen fremd. Man kann noch weiter gehen. Für die Kastillaner wie für die

Berrichoner verlieren die Basken jedes Interesse, wenn sie nicht Basken sind.
Basken, das heißt die älteste und einzig reine Rasse des Westens oder sogar der Welt. In ihrem Fleisch und ihrem Blut liegt zweifellos die erste Kultur der Welt begründet.
Kastillianer und Berrichoner gibt es genug. Sie haben ihre Tugenden und ihre Fehler wie alle Menschen. Ihre eigenen. Sie kümmern sich selbst darum, sie aufrechtzuerhalten. Warum sollte man dann anstreben, daß die Basken dieselben Tugenden und dieselben Fehler haben oder annehmen. In wessen Namen?
Im Namen der «Nationen», die aus den Mißverständnissen der Französischen Revolution hervorgegangen sind, die jene Nationen einig und unteilbar geschaffen hat?
Die Könige wollten Pfründe, immer zahlreichere Pfründe, sie wollten ihren Besitz erweitern, nichts anderes. Spricht man von Königen, die Frankreich oder Spanien schufen, so ist das Betrug. Sie vergrößerten einfach durch Krieg, List und Heiraten ihre Pfründe, ihre Königreiche.
Die Nationen haben überdauert... Die Gallier bildeten nicht ein einiges, sondern ein konföderiertes Gallien. Es gab mehrere Spanien, jedes Gebiet behielt in gewisser Weise seine Eigenheit, die Bräuche, Sprachen und Volksgruppen, kurz die Unabhängigkeit.
Und dann wollte die Französische Republik, denn fast alles kommt von ihr, sie vereinigen. Vereinigung in der Art, wie es sich die Herren der Stunde vorstellten. Die ganze Welt im Gleichschritt, nicht eigenständig, sondern in dem Schritt, wie ihn jene bestimmt hatten, die man manchmal Denker nennt, die jedoch nicht für die Völker dachten, sondern nur im

Rahmen der Ideen, die hier gut, anderswo jedoch unheilvoll sein konnten.

Folglich spricht man im Languedoc kein Oc mehr, in der Bretagne kein Bretonisch, in Flandern kein Flämisch mehr, kein richtiges Französisch in Frankreich, sondern nur *das* Französisch, das von einem professoralen Gremium aufgezwungen wurde. Ein Französisch, das mehr oder weniger das der Salons ist... Bretonisch oder Flämisch wird nur noch auf dem Land gesprochen. Die Art, bretonisch oder flämisch zu denken, zu fühlen und zu sein, schwindet wie immer mit der Sprache. Mit der Sprache und den Bräuchen.

Sogar das Gewohnheitsrecht, das die Könige noch respektierten, wurde durch das geschriebene Recht der Latinisten verdrängt, die die Ordnung und den Frieden der Römer nicht genug bewundern konnten, das hieß Ordnung und Frieden der Sieger, der Eroberer.

Schon seit einigen Jahrhunderten ist der größte Teil der Welt in den Klauen eines neuen Gottes, des Gottes Mammon. Diese Entwicklung wurde schon durch den heiligen Paul vorbereitet, der sagte, daß sich die Ankündigung einer Entdeckung bezahlt mache!

Unglück über jene, die das Geld nicht anbeten, es nicht verehren! Philosophisch nennt man das Ökonomie.

Mit ihren Dogmen, die zur Trennung führen, hier rechts, da links, wird das Leben sowohl auf der einen wie auf der anderen Seite auf Gewalt gegründet. Kämpfe, Streit und Krieg sind nur darauf zurückzuführen. Und sogar der Mensch selbst. Wie in allen guten Religionen muß sich der Mensch opfern, sich und alles, was er ist, alles, was seinen Wert als Menschen ausmacht.

Durch und für diese neue Religion zerstört man den Menschen, die Rassen ... wie man einst die Albigenser im Namen einer Religion gegen eine andere ausrottete, die auch nicht sehr viel besser war.
Und so zerstört heute das Geld schleichend auch das Baskenland.
Von Natur her ist das Baskenland arm. Seine Lebensbedingungen sind kärglich, dieser Umstand hat es lange gerettet. Der Wunsch nach Besitz hört da auf, wo nichts zu holen ist. Man befiehlt eine Armee nicht an einen Ort, wo nichts zu gewinnen ist außer Schlägen. Das macht sich nicht bezahlt.
Zumindest machte es sich weder für die plündernde Armee noch für die ihnen folgenden Aasgeier bezahlt. Aber der Boden erwies sich im 19. Jahrhundert als sehr viel reicher. So wurde Bilbao königlicher Besitz, und die Aasgeier haben sich darauf gestürzt. Dieses Gebiet ist heute eines der reichsten in Spanien, das heißt, wo die reichen Spanier leben.
Hierzu gehörte – wie könnte es auch anders sein – die Arbeitskraft der baskischen Arbeiter. Mit den üblichen Folgen des Kapitalismus, sei er staatlicher oder privater Art. Man muß für den Kapitalismus arbeiten, um zu leben – und wenn die Bevölkerung am Ort nicht ausreicht, um das Kapital zu schaffen, ruft man fremde Arbeiter. Sie überschwemmten die Biskaya. Ohne böse Absichten, aber dennoch zweifellos eine Überschwemmung ... und die Basken leben heute in ihrem eigenen Gebiet wie Einwanderer. Nicht weniger, aber auch nicht mehr. Sie haben keine baskische Schule mehr. Mehr oder weniger gezwungen verkaufen sie ihr Land, wie es Navarra tat. Sie verkaufen ihr Land und damit ihre *Mari,* ihre

Göttin Erde, die für Fremde nichts bedeutet und sie nichts lehrt. Da sie auch gerne ein wenig Geld verdienen wollen, das ihnen ein leichteres Leben ermöglicht, kommen sie fast zwangsläufig dazu, daß *Mari* ihnen fremd wird und sie auch nichts mehr lehrt.

Ich habe schon Bilbao angeführt, aber an anderen Orten ist der Vorgang ähnlich unter Bedingungen, die vom gleichen Interesse geleitet werden. Das Baskenland ist ein Land, in dem man angenehm leben kann, sowohl was das Klima als auch die Städte angeht. Und dann gibt es noch das Meer. Die baskischen Strände versprachen einmal Gewinn, durch Volkstourismus und als Anziehungspunkt für Zweitwohnungen.

Das Meer wurde «im Sturm erobert», da das dort eingesetzte Kapital zu beträchtlichen Gewinnen führte. Sehen wir uns doch die baskische Küste von Bayonne bis Laredo an. Das ist nicht mehr die baskische Küste, sondern ein Treffpunkt des internationalen Kapitalismus. Seit der Zeit, da Eugénie, die Frau Napoleons III., in Biarritz war, ist dieser Ort kein baskisches Dorf mehr. Saint-Jean-de-Luz, die Perle, ist heute von Hotelbauten, von Villen in der Art «wir haben's ja» und kleinen Schlössern bedrängt. Die Bewohner von Luz müssen fremden Boden kreuzen, von Autoabgasen verpestet, wenn sie ihr eigenes Haus betreten oder verlassen wollen.

Um den neuen Gott des Geldes anbeten zu können, mußten sie ihr Land verkaufen. Nun müssen sie, um leben zu können, diesem neuen Gott zur Verfügung stehen, dessen Priester einen Rang haben, den man an ihren Bankkonten ablesen kann.

Vor dem alten Hafenbecken von Saint-Jean-de-Luz tanzt

man zwar noch den Fandango, aber das ist kein Sabbat mehr. Übrig bleiben bald nur die Tänze in den Nachtbars.
Und diese Entwicklung greift auf das Land über. Man hat wie überall auf dem Land in Frankreich Wasser und Strom legen lassen, aber mit fließendem Wasser und Strom konnte man teure Villen bauen ... teuer, aber der Verkauf einer kleinen Parzelle half dem Bauern, dessen Boden nur kargen Ertrag abwarf.
Nicht nur die Villen der Fremden sind überflüssig. Ihre Bewohner machen sich in der Landschaft breit. Obwohl sie die Bräuche nicht kennen, werden sie gerne aufgenommen. Sie haben Kinder. Kinder brauchen Schulen, Schulen, in denen man ihnen ausschließlich all das beibringt, was man auch den kleinen Berrichonern oder kleinen Pikarden beibringt. So verfällt die baskische Schule. Die baskische Schule und die baskische Sprache und mit ihr die gesamte baskische Philosophie, die Art zu leben und zu denken, die baskischen Bräuche. Das gilt nicht nur für das Baskenland. Schon seit langer Zeit ist der Akzent der Provence nur noch für Filme oder Pariser Kabaretts gut. Aber im Baskenland gibt es viel mehr zu retten als nur einen Akzent.
Eine andere Gefahr entsteht aus dem Kampf selbst. Man stützt sich auf alles, was Widerstand leistet. Das sind für die Arbeiter von Bilbao die Gewerkschaften. Aber die heutigen Gewerkschaften haben Werte, die in sich selbst zerstörerisch sind. Das ist ein Kampf für den Gott des Geldes; seine Philosophie ist kapitalistisch und mehr oder weniger staatlich. Der Kapitalismus mit seinen Widersprüchen ist jedoch eine Art zu denken, die dem baskischen Geist absolut zuwider läuft ... Und nun?